Ryuho Okawa
大川隆法

沈みゆく日本をどう救うか

野田佳彦総理のスピリチュアル総合分析

まえがき

ようやく、震災・原発で悩乱《のうらん》した菅政権に終止符《しゅうしふ》が打たれた。鳩山政権では、国防、外交上の危機でダッチロールし、菅政権では、「天罰《てんばつ》政権」が本当に実現してしまった。

そして民主党三代目内閣がスタートした九月四日には、台風十二号が、紀伊半島で大暴れし、死者・行方不明百名近く、和歌山県を中心に数千人が孤立していると、今朝のある新聞は報道している（九月六日）。

和歌山県は松下幸之助生誕の地であり、松下哲学の原点でもある。本文中にもあるように、私には、松下幸之助氏が、「野田君、君は松下政経塾の一期生としての原点を忘れとる」と怒っているように思えてならない。とりあえず、日本の神々の野田政権への最初の返答が、台風の本州直撃である。本書を熟読し、身をひきしめて、国家運営にあたってもらいたいものだ。

二〇一一年　九月六日

国師《こくし》　大川隆法《おおかわりゅうほう》

沈みゆく日本をどう救うか　目次

2

第2章　松下幸之助、苦言を呈《てい》す

二〇一一年八月三十日　松下幸之助の霊示

「霊言《れいげん》現象」とは、あの世の霊存在の言葉を語り下ろす現象のことである。これは高度な悟りを開いた者に特有のものであり、「霊媒《れいばい》現象」（トランス状態になって意識を失い、霊が一方的にしゃべる現象）とは異なる。また、外国人霊の霊言の場合には、霊言現象を行う者の言語中枢《ちゅうすう》から、必要な言葉を選び出し、日本語で語ることも可能である。

第1章

野田佳彦総理のスピリチュアル総合分析《ぶんせき》

二〇一一年八月三十日　野田佳彦守護霊の霊示

野田佳彦《のだよしひこ》（一九五七年〜）

民主党の衆議院議員（千葉4区）。第95代内閣総理大臣。早稲田《わせだ》大学卒業後、松下幸之助が設立した松下政経塾に入塾（第一期生）。千葉県議を二期務めたのち、日本新党から衆院選に立候補して初当選した。その後、新進党を経て、民主党に入党。菅《かん》内閣のときに初入閣し、財務大臣を務めた。

司会

酒井太守《さかいたいしゅ》（宗教法人幸福の科学副理事長）

質問者

立木秀学《ついきしゅうがく》（幸福実現党党首）

綾織次郎《あやおりじろう》（「ザ・リバティ」編集長）

［役職は収録時点のもの］

1 野田氏の「守護霊インタヴュー」を行う

今、必要とされている情報の一つ

大川隆法　みなさんもご存じのとおり、昨日《さくじつ》八月二十九日、民主党にて代表選が行われ、決選投票を経て、野田財務大臣（収録当時）が次の代表に決まりました。党内人事で揉《も》めて党が割れでもしないかぎり、このまま、国会で次の総理に指名され、九月には組閣《そかく》に入る予定だと思います。

野田氏は、国際的にも国内的にもあまり知られていない方です。そのため、「野田佳彦とは、いったい、どういう人なのか」について、これからマスコミの取材や報道がいろいろとあるでしょうが、当会には「守護霊インタヴュー」注という独特の手法があるので、今回、これによって心の内面にまで取材に入り、この人の実像と本音を引きずり出したいと思います。

これは、ある意味で、マスコミにも奉仕《ほうし》できる部分ではないかと思います。新しい総理が決まるたびに、毎回、月刊「ザ・リバティ」（幸福の科学出版刊）等に、その人の過去世分析《かこぜぶんせき》などが出ますが、マスコミの人たちは、それを見て、新しい総理の力量を、だいたい〝値踏《ねぶ》み〟しているようです。

したがって、今回の試《こころ》みも、必要とされている情報の一つではあるでしょう。ただ、本として発刊されるのが、代表選から一カ月弱遅《おく》れる点が残念ではあります。

［注］人間の魂《たましい》は六人のグループからなり、あの世に残っている「魂の兄弟」の一人が、守護霊を務めている。守護霊は、実は自分自身の魂の一部である。したがって、守護霊の霊言とは、いわば、本人の潜在《せんざい》意識にアクセスしたものであり、その内容は、その人が潜在意識で考えていること（本心）と考えてよい。

「ドジョウ」発言の奥《おく》にある深層心理

昨日《きのう》は私もテレビで、各候補者の演説について、全部ではありませんが、短く編集したものを幾《いく》つか見ました。確かに、野田氏は、本人が言うとおり地味な方《かた》であり、私は「非常に日本的な宰相《さいしょう》になるのかな」という印象を受けました。

ご自身も「ドジョウ」と名乗っているようです。そして、「このルックスでは、私が総理になっても、支持率はすぐに上がらないと思うので、解散はしません」などと言い、それで票を集めたのかもしれませんが、そのへんについては、よく分かりません。

ちなみに、ドジョウは、英語でローチ（loach）と言います。野田氏は、「ドジョウは金魚になれない」というようなことを言っていましたが、英語で言えば、"A loach can not become a goldfish." になります。

このゴールドフィッシュ（goldfish）という言葉には、"live in a goldfish bowl"

という用例があります。直訳すると、「金魚鉢《ばち》のなかに住む」ということですが、金魚鉢は外から丸見えなので、これは、「プライバシーのない生活をする」という意味なのです。

総理は、まさしく、そういう生活になります。一国の総理や大統領は、金魚鉢のなかに住んでいるようなものであり、周りから丸見えの、プライバシーがない生活を送らなければいけないのです。

要するに、「ドジョウは金魚になれない」などと言う野田氏の深層心理を分析すると、「私は、プライバシーなしの丸見えの生活には耐《た》えられない男である」と言っているように見えなくもないのです。

ドジョウは、田んぼや沼《ぬま》のなかに棲《す》んでいるか、あるいは、やや底が見えないような小川の泥《どろ》のなかに棲んでいて、清流には生息《せいそく》していません。そのドジョウに自分をたとえるのは、泥臭《どろくさ》さや庶民性《しょみんせい》を訴《うった》えたいからなのでしょうが、ある意味では、「自分の姿を見せたくない」ということでもあろうと思います。

私自身としては、「日本の国の宰相になろうという人が、自分をドジョウにたとえたあたりは、少し寂《さみ》しいな」という感想を持ちました。戦後の焼け野原のようなイメージが浮《う》かんで、若干《じゃっかん》、寂しい気がするのです。

金魚ぐらい、縁日《えんにち》に行けば、金魚すくいで簡単に手に入るものなので、そんなに憧《あこが》れられても困ります。せめて鯉《こい》ぐらいに憧れて、「錦鯉《にしきごい》にはなれない」などと言えないものでしょうか。あるいは、そもそも、ドジョウではなく、ライオンやタイガーなど、もう少しましな動物にたとえられないものでしょうか。

謙遜《けんそん》なのかもしれませんし、敵を減らそうとする日本的な振《ふ》る舞《ま》いなのかもしれませんが、「ケネディを尊敬している」という人にしては、少し変な感じがしますし、いまだにドジョウのままであれば、松下幸之助さんも怒《おこ》るだろうと思います。

野田氏の演説に怒《おこ》っていた、天上界《てんじょうかい》の松下幸之助

実は昨日、私は、天上界《てんじょうかい》の松下幸之助さんと相談をしました。このあと、第二

部で出ていただく予定ですが、そのとき幸之助は、「『ジバン（地盤《じばん》・支持者組織）、カンバン（看板・知名度）、カバン（鞄《かばん》・選挙資金）の三つともない〝三バンなし〟の状態だった』というような言い方を、野田はしていた。確かにジバンやカバンはなかったかもしれないが、カンバンはあったはずや。松下政経塾の第一期生だろう。『松下政経塾卒』というカンバンなくして、おまえは総理になれたんか」と言って、いちおう怒《おこ》っていたのです。

「松下政経塾の同志の応援《おうえん》がなくても、おまえは総理になれたのか。なれんかっただろう。だから、『カンバンなし』というのは嘘《うそ》や。駅前で街頭演説を二十数年間やり続けたから、総理になれたかのように思っているのであれば、うぬぼれておる。一発バシッとやらなければいかん」というように言っていましたし、さらには、「感謝の言葉として、『幸之助先生、ありがとうございました』と、一言《ひとこと》ぐらい言ってもよかったのではないか」ということもチラッと言っていました。

野田氏は、自宅で密《ひそ》かに感謝の言葉を述べているかもしれませんが、表向きは、知らん顔をしていました。何もなしの状態から自分一人の力で這《は》い上がってきたかのような言い方をしていたので、第一期生を出したご本人としては、カチンと来たようです。

のちほど、松下幸之助さんにも出ていただきますので、意見を聴《き》いてみたいと思います（本書第2章参照）。

守護霊インタヴューによって、「新総理の資質」を明らかにしたい

昨夜は、野田氏の守護霊も呼んでみたのですが、お忙《いそが》しいようで、なかなか、つかまりませんでした。今日も忙しいとは思いますが、昨日と違《ちが》って、今日は公開の場であり、ここで話したことが活字になるわけですから、おそらく逃《に》げることはできないでしょう。この企画《きかく》は、新内閣の寿命《じゅみょう》を推定することができる〝怖《こわ》い〟試みなので、手を抜《ぬ》いてはいけないと私は思います。

「野田氏の資質が明らかになり、国内外に知れ渡《わた》る」という意味では、立木《ついき》、綾《あや》

織《おり》の両名によって、総理としての寿命を決めることが可能です。これは、そういう企画でもあるのです。

なお、菅《かん》氏の守護霊も、最後には、夜、私の所にやってきて、「『もし空海が民主党政権を見たら何というか』〔幸福実現党刊〕という本をたくさん献本《けんぽん》されて困っている。あんな本を出されたら困るんだ。自分では買いに行かないが、『こんな本が出ているぞ』と言って、とにかく送られてくるんだ。もう分かったよ。もういい」というようなことを言っていました。どうやら、あの本が出たことと、総理を辞《や》める決意とは関係があったようです。当会の本は〝怖い〟のです。

松下政経塾出身者は、思想としては、当会に比較的《ひかくてき》近い人が多いと思いますが、本音は分かりませんし、数十年も政治家をしている間に考えが変わっているかもしれません。今日は、そのへんを調べたいと思います。

野田氏の守護霊を招霊《しょうれい》する

前置きが長くなりました。

それでは、野田佳彦氏の守護霊《れい》を呼びたいと思います。

（合掌《がっしょう》し、瞑目《めいもく》する）

民主党代表にして、次期総理に予定されている野田佳彦氏の守護霊をお呼びいたします。

野田佳彦氏の守護霊よ、幸福の科学総合本部に降りたまいて、われらに、その本心、本音を明かしたまえ。われらに、その真なる考えを明かしたまえ。われらに、いろいろな質問に対する答えを与《あた》えたまえ。

あなたは、どういう政治をしようとしているのか。それによって、今後、日本国民は、どのようになるのか。世界のなかの日本は、どのような立場に置かれるのか。われわれは、こういうことを事前に知り、国民に啓蒙《けいもう》する必要があると考えています。これは公的な仕事であると考えています。

どうぞ、守護霊として降臨され、われわれに、その本心を明かし、公的な任務の第一部を始めていただきたいと思います。

（約十五秒間の沈黙《ちんもく》）

酒井　おはようございます。

野田佳彦守護霊〔以下、「野田守護霊」と表記〕　うーん。まあ。

酒井　野田佳彦氏の守護霊でしょうか。

野田守護霊　うーん。もうねえ、凝《こ》って、凝って、凝って（首や肩《かた》を回す）。

酒井　昨日の夜から大変ですね。

野田守護霊　肩は凝るわ、首は凝るわ、もう、首が回らないよ。

酒井　もうすでに回らない？

野田守護霊　もう回らない。回らない。もう、すごいねえ。やっぱり。

酒井　昨日から、あなたに、何が起きているのですか。

野田守護霊　何と言うかね。これは、すごい。もう寝技《ねわざ》だよ。

酒井　寝技ですか。

野田守護霊　寝技のラッシュだね。「首を羽交《はが》い締《じ》めして、絞《し》め落《お》とす」みたいなことを、ずいぶん、やられるからさあ、首が絞め上がってくるんだ。もう、あっちもこっちも絞めてくるのでなあ。

酒井　もうすでに、まずい状況《じょうきょう》ではないですか。

野田守護霊　小沢さん（の守護霊）だって、早くも羽交い締めに来たからさあ。昨日から、私に、「不当な人事をしたら、新党をつくって割るぞ。そうすれば、おまえは、総理になんかなれんぞ」と言って、脅《おど》しまくってるからねえ。

酒井　大変ですね。

野田守護霊　だから、今日は大変な一日で、本当は、君らと付き合ってる暇《ひま》はないんだよ。

ここにいたら、本人にインスピレーションが降りないじゃないか。危ない。危険。とても危険。この空白時間にやられたら、どうするの？

酒井　いや。ここで、あなたに素晴《すば》らしいヒントを得ていただきたいのです。

野田守護霊　ん？　ヒント？　ふーん。そう。

松下政経塾出身者には、「宗教心」はある

酒井　ただ、最初にお伺《うかが》いしたいのですが、あなたは、「守護霊である」ということを認識されていますか。

野田守護霊　守護霊だよ。うん。分かっとるわ。

酒井　それは素晴らしい。

野田守護霊　君らね、私を左翼《さよく》と一緒《いっしょ》にしちゃいけない。自民党から見たら「左」かもしらんけれども、いちおう、松下政経塾には、あの世を信じてないような人は入っとらんのでね。幸之助さん自身は、宗教をつくりたかったぐらいの人だから、宗教心はあるんだ。

そらあなあ、守護霊ぐらい分からんで、どうしますか。

酒井　今、守護霊さんは、ご本人を置いて、こちらに来ていらっしゃるわけですね。

野田守護霊　うん。そうそう。
本人は汗《あせ》流しとるわな。まあ、脂汗《あぶらあせ》（会場笑）。もう死にそうや。

酒井　死にそうなのですか。

野田守護霊　もう死にそうや。もう死にそう……。

酒井　では、この一、二時間を本当に有意義な時間にしていただきたいと思います。

野田守護霊　早く、わしを解放してもらわんとなあ。

酒井　その前に、ここでヒントを得ていただければ、もっと強くなりますよ。

野田守護霊　まあな。インスピレーションを与えないといけないからね。

酒井　これから、すごい質問も出てきますが。

野田守護霊　すごい質問？　それは嫌《いや》だな。私はドジョウだから、そんなに、いじめるんじゃないよ。

「松下電器が出した人材」と言われたくない

酒井　昨日の夜、大川総裁が松下幸之助さんと話をされたところ、かなり怒《おこ》っておられたそうですが、あなたは、松下さんに感謝をされていますか。

野田守護霊　うーん、知らん。まあ、それは、あとで……。

酒井　挨拶《あいさつ》をされましたか。

野田守護霊　いや、それは……。忙しいんだって。

酒井　そちらでは会えないのですか。

野田守護霊　忙しいんだよ。挨拶回りだって、もう数が多すぎてなあ。

酒井　しかし、第一に行くべきは、やはり、松下幸之助さんの所ではありませんか。

野田守護霊　でも、まずは、この世で生きてる人に挨拶しなきゃいけないじゃん。

酒井　いや。あなたは守護霊なのですから、まず最初に……。

野田守護霊　まあ、そうなんだけど、本人についていないと危ないじゃないか。

酒井　幸之助さんは、どちらにいらっしゃるのですか。

野田守護霊　幸之助さんは高い所にいるんだろうから、行くのに、ちょっと時間がかかるわけよ。

だから、まず、地上の人に挨拶回りしなきゃいけない。野党も、いろいろあるしさ。それから、選挙で応援してくれた人とか、いろんな人と会わなきゃいけない。もう汗だくよ。今、暑いから。

酒井　幸之助さんが怒っておられるのはご存じですか。

野田守護霊　今、ちょっと聞いたから、あとでゴマをする。

酒井　（苦笑）

野田守護霊　だけど、まあ、気持ちは分からない？「松下電器が出した人材」みたいに言われるの、嫌じゃん。ねえ。

酒井　自分から松下政経塾に入ったのに、何を言っているんですか。

野田守護霊　そうなんだけどさあ、松下の本体が「パナソニック」なんていう名前に変えて逃げてるぐらいだから、私たちだって逃げたくなるじゃないか。なあ?
吉田松陰《よしだしょういん》ぐらい古かったら、別に構わないんだが……。

保守的に見せないのは、「菅《かん》のご機嫌《きげん》を取るため」

酒井　それは、あなたの思想が変わったからではないですか。もともと保守のくせに、保守ではない人たちと組んでいますし……。

野田守護霊　いや、私は保守なんだけど、菅《かん》のご機嫌《きげん》を取らなきゃいけないからさあ。保守的に見せすぎると、菅がカンカンになるじゃんか。だから、保守的なところをあまり見せないようにしないと、〝寿命〟が短くなる。

酒井　それが、あなたの手法ですか。

野田守護霊　うん。そうそう。つまり、菅は院政を敷《し》こうとしてるわけよ。

私は、菅のおかげで、彼のあとの財務大臣になれたし、次、総理も後を継《つ》ぐから、菅は「自分の路線を続けてもらいたい」と思っとる。だから、あれをカンカンにさせないように上手に実力を発揮し、自分のやり方ができるようになるまで、ちょっと様子を見なきゃいけない。

菅のところの後ろ盾《だて》がなくなったら、今度は、小沢のほうの猛攻《もうこう》に耐えられなくなってしまう。海江田《かいえだ》に年内に奪還《だっかん》されたら、たまんないからねえ。

酒井　あなたは、「今、日本をどうするか」ということよりも……。

野田守護霊　考えてないよ。それどころでないんだよな。とにかく、格闘技《かくとうぎ》なんだよ、政治っていうのは。

酒井　そうですか……。

野田守護霊　政治は格闘技だ！

「ドジョウ」と言えば庶民《しょみん》は安心する

酒井　あなたは、申し訳ないのですが、非常に認知度が低く……。

野田守護霊　いやらしい言い方だよなあ。

酒井　いやいや。現実を見据《みす》えてください。

野田守護霊　自分で謙遜してるだけじゃん、「ドジョウだ」と言って。泥のなかにいて、姿が目立たなくて……。

酒井　「ドジョウなんだ」ということで、多少イメージができたのですが……。

野田守護霊　庶民《しょみん》は安心するんだよ。「ウナギ」って言ったら、「ちょっと手が届かない」って感じが、やっぱり、するからさあ。

酒井　だから、ドジョウなのですか。

野田守護霊　そうだ。ウナギは年に一回しか食べれないものだが、ドジョウだったら……。

酒井　ただ、現時点では、まだ、「ドジョウ」ということぐらいしか、国民にはインプットされていないと思います。

そこで、「今後、野田新総理は、いったい何をするつもりなのか」ということについて、ザ・リバティ編集長と幸福実現党の党首から質問させていただきたいと思います。

野田守護霊　うん。昨日も、テレビで、千円の散髪屋《さんぱつや》に行ってるところが流れてたけど、「メザシの土光《どこう》さん」みたいなイメージがちょっと出るんじゃないか。

あれなんかも、ちょっと、ええ感じや。これで攻《せ》めていきたい。

酒井　それがいいかどうか、これから検証していきたいと思います。
「過去世《かこぜ》」は、最後に訊《き》くべきだ
酒井　それでは、ザ・リバティ編集長からお願いします。
野田守護霊　なんか、怖そうな人だなあ。
綾織　恐縮《きょうしゅく》ですが、さっそく結論めいたところから、お訊《き》きしたいと思います。
野田守護霊　結論!?　それは嫌だな。
綾織　守護霊としての認識があるということなので……。
野田守護霊　あるよ。あるよ。君らが相手してるのなんか、信じない人ばっかりだろう?　しかし、俺《おれ》は信じてるよ。

綾織　そこで、過去世《かこぜ》において、どういうご活躍《かつやく》をされたのか、少し教えていただきたいのですが。

野田守護霊　君、ジャーナリストとしてはね、そういう結論は最後に訊くべきだよ。それを最初に言ったら、場合によっては、もう、読む気がしなくなるじゃないか。

綾織　そうですか。では、最後に取っておきたいと思います。

酒井　最後に答えていただけますよね。

野田守護霊　うーん。いやあ、内容を聞いて、「レベルが高いなあ」と思ったら、それなりの人が出てきて、「レベルが低いなあ」と思ったら、黙《だま》っとくほうがいいわけであって……。

綾織　分かりました。

2 「増税」を主張する本当の理由

「官僚《かんりょう》のご機嫌《きげん》を取りつつ、政治主導に見せる」のが生き筋

綾織　まず政策面から質問させていただきます。

今、野田氏の政策として最も前面に出ているのは、やはり増税かと思います。これは、あなたの本心でしょうか。それとも、一部のマスコミから、「財務省に取り込《こ》まれている」と指摘《してき》されているように、財務省の考えなのでしょうか。

野田守護霊　うーん。手強《てごわ》いなあ。君も、やっぱりマスコミだなあ。

今、これを、どうやって、のらくら逃《に》げるかが問題で、いきなり「増税」と言ったら、その場で私は危なくなるからねえ。だから、本音を言わずに実現していく

のが、政治家の仕事なんだ。

綾織　やはり、増税を実現したいわけですね。

野田守護霊　いやあ、それは、基本的に……。まあ、私はねえ、ほんとは財務に強くないのよ。よく分かんないからさあ。

綾織　そのことは、よく存じています。

野田守護霊　財務官僚《かんりょう》の言うことを聞いていれば、彼らは仕えてくれるけど、言うことを聞かなかったら、全然、手伝ってくれないからさあ。いちおう、彼らを大事にするためには、言うことを聞かないといかんじゃないの。言うことを聞いてくれそうに、見せなきゃいけないじゃない。

綾織　はあ。

野田守護霊　だけど、「頭が悪いから、聞き逃《のが》した」ように見せるところが、技なんだよ。

綾織　もともと増税をしたいわけではなく、「官僚の支持を取りつけるために、増税路線を発信している」ということでしょうか。

野田守護霊　だからね、「脱《だつ》官僚・政治主導」と言って、二年やってきたけれども、まあ、失敗だろうよ、結論的に言やあ。そう見えんかあ?

綾織　そのとおりだと思います。

野田守護霊　結論的には失敗だよな。

政治家っちゅうのは、やっぱり素人《しろうと》だよ。官僚がやらなきゃ、仕事なんかできないし、震災《しんさい》の復興もできやしない。官僚に聞かないと、なーんにもできないよ。ヘリコプターで視察したって、なーんも分かんないもんねえ。お金がいくら要《い》るんだか、いつまでにやりゃあいいんだか、そんなもの全然分かんない。官僚が資料をつくってくれないかぎり、どうしようもないんだ。

だから、「官僚のご機嫌《きげん》を取りながら、何となく政治主導に見せる」というところが、生き筋だな。

松下幸之助の「無税国家論」は古い

綾織　あなたは、松下政経塾出身ですから、当然、減税路線ですよね。

野田守護霊　ああ、それ、言うと思った。「幸之助さんは絶対これを怒《おこ》っとる」と、わしは思うとるんやけどさ。

綾織　松下幸之助先生は、「無税国家論」を唱えておられましたが。

野田守護霊　だけど、とっつぁんは古いからさ。

酒井　そんな言い方をしたら、あとで大変なことになりますよ。

野田守護霊　とっつぁんは高度成長期の人間だからさ。ほっといても、会社の売り上げが上がって、国の税収が増えた時代の人やから、今のように、税収が伸《の》びない時代のことは分かってないんだよ。

酒井　経済を成長させ、税収を伸ばす努力をしないと駄目《だめ》ですよ。

野田守護霊　高度成長期だったら、税率を上げたり、新税をつくったりしなくても、税収は増えるよな。

酒井　今、幸之助さんが生きておられたら、「どうすれば経済成長できるのか」を考えるのではないですか。

野田守護霊　あとで第二部があるから、ちょっと怖《こわ》がってはいるが……。

酒井　ええ。第二部で、大変なことになりますよ。

野田守護霊　だけど、幸之助さんは「経営の神様」であって、「政治の神様」じゃないからさあ。だから、今、わしが「政治の神様」になろうとしとるわけや。

松下政経塾で、「政治は体力だ」と学んだ

綾織　松下政経塾で学んだことは、もう無駄ですか。

野田守護霊　まあ、四半世紀過ぎたからねえ。

酒井　「野田氏は、松下政経塾で何も学んでいない」という話を聞きましたが。

野田守護霊　私がドジョウなら、「松下政経塾は田んぼだった」ということかなあ。

酒井　松下政経塾で、きちんと勉強しましたか。

野田守護霊　勉強した。私は一期生だ。

酒井　どのくらい勉強しましたか。

野田守護霊　それは、もう汗を流したよ。柔道《じゅうどう》とか。

酒井　汗ですか。そうではなくて、学問など、何か知識的な勉強はしましたか。

野田守護霊　君、今の私の姿を見て、そう思っとるんだろうけど、昔、私も若いころは、君みたいな、いい男だったんだよ。

酒井　もう少し痩《や》せていましたよね。

野田守護霊　そうなんだ。いい男だったんだ。今は駄目だよ。

酒井　そうではなく、松下政経塾で、どのくらい政治について勉強したのですか。

野田守護霊　松下政経塾は、自衛隊に毛が生えたようなところだったなあ。ノルマを課して、しごいて、営業までやらせてね。あそこは、とにかく体力派だったよ。

酒井　要するに、当時は、政治の勉強よりも、人脈をつくることのほうに、一生懸命《いっしょうけんめい》、努力していたわけですか。

野田守護霊　「政治は体力だ」ということを、基本的には教わったような気がするよ。「政治は学問だ」と教えたら、幸之助さん自身がもたないじゃん。ねえ?

まあ、幸之助さんも本音は違《ちが》うと思うんだよ。本音は、「政経塾をつくって政治活動をやることによって、松下電器、今はパナソニックと言うのかもしらんけど、その宣伝をする」というところにあって、「宣伝代として考えたら、計算上ペイする」と見て、政経塾をやってたと思うな。

酒井　そんなに小さい志なのですか。あなたは代表選の演説で、「政治には志が必要だ」と言っていたではありませんか。

野田守護霊　あの人も、最後は、「年寄りの道楽」だって、いつも言うとったよ。

綾織　一期生ですと、松下幸之助先生直々の講義がかなりありありましたよね。

野田守護霊　うんうん。尊敬はしてたよ。当時、私も若かったから尊敬はしてたよ。

綾織　今は、もう尊敬されていないのですか。

野田守護霊　いやあ。今は、私もいい年だから、幸之助さんの裏も表も分かるよなあ。人生の裏も表も、両方、分かっちゃうからさあ。

綾織　もう、尊敬心はなくなった?

野田守護霊　いや、あるよ。あるけどさあ、二股《ふたまた》ソケットの時代とパソコンの時代は違うんだよ。分からない？

綾織　「松下さんの考えは古い」ということですか。

野田守護霊　「二股ソケットを発明した」とか、「丁稚奉公《でっちぼうこう》してタバコの買い置きをした」とかいう話を、今、やられても困るわけよ。

酒井　しかし、あなたも、似たようなことを言っていませんでしたか。

野田守護霊　あっ、ドジョウだもんなあ。そうなんだ。ドジョウだ。

酒井　松下さんは農家の末っ子でしたが、あなたのご両親も、そうですよね。

野田守護霊　ちょっと似てるのかなあ。

今、なんか、幸之助さんが怒っていらっしゃるような感じを、ちょっと受けてはおるんだ。「よくも、ドジョウ言うたな。わしは錦鯉《にしきごい》ぐらい育てたつもりや」って言うとる感じは、ちょっと受けとる。

財務省を押《お》さえて予算ができれば、「いちおう仕事は終わり」

綾織　そうすると、「松下先生の考えを捨てて、財務省が主張している増税に乗り換《か》えた」というかたちになるわけですが、今の状態で増税して、日本経済は浮上《ふじょう》すると本当に思っているのですか。それとも、景気をよくすることは、もう考えていないのですか。

野田守護霊　今のところ、問題意識としては、「単年度会計の問題を何とかしなきゃいけない」と思ってるんだけど、憲法上の問題もあるから、簡単に行かないじゃん。

単年度会計だから、官僚も一年でしか考えないわけだし、政治家も一年の予算で縛《しば》られるわけよ。「一年の予算」っていうことを考えると、まず、「来年度予算をいくらにして、何に使うか」を決めるわけじゃん。それで、使い道のほうが先にだいたい決まっていて、入ってくるものがない場合、簡単に言えば、金を集めなけりゃいかんわけで、それは会社も一緒《いっしょ》だよな。

日本は、もうすでに高度成長の〝株式会社〟じゃないので、大変なのよ。だから、〝値上げ〟（増税）しかない。

綾織　野田氏は、「消費税率を、二〇一五年ぐらいまでには十パーセントに引き上げたい」と言っています。消費税率を上げると、消費税の税収は増えるでしょうが、所得税や法人税の税収は減り、結局、全体としての税収は減るのではないでしょうか。一九九七年に消費税率を上げたとき、すでに、そういう結論が出ていますよね。

野田守護霊　二〇一五年には、俺《おれ》、総理をしてねえからさあ。

綾織　どうなろうと関係ないのですか。

野田守護霊　関係ねえんだよ。だから、「やる」と言って、私がいる間にはやらないわけだ。私がいる間にはやらないから、支持率は下がらない。しかし、「将来やる」と言って、官僚たちを引きつける。まあ、こういうことだ。

綾織　「官僚を味方につけるために、財務省の路線に乗っているだけで、あとは、どうなろうと知らない」ということですか。

野田守護霊　ああ。だから、二〇一五年に総理をやってる人に、増税をやってもらったらいいわけよ。

立木　それは信義則《しんぎそく》に反するのではありませんか。

野田守護霊　そう。違反《いはん》なんだけどさあ。

立木　「官僚をコントロールするために、国民に打撃《だげき》を与《あた》える」というのは、よろしくないと思います。

野田守護霊　でも、実際、四年も総理をする人なんちゅうのは、二十年に一人ぐらいしかいやしねえからさあ。そんなの、俺がやるわけないだろ？　四年もやってるわけないからさ。

とにかく、俺はつなぎで、精いっぱいやっても一年だから、二〇一五年なら関係ないんだよ。

綾織　この一年間を無難にやっていくために、財務省を味方にし、かつ、自民党や公明党の協力も取りつけようとしているのですか。

野田守護霊　とにかく、財務省を押《お》さえて、来年度の予算までできりゃあ、いちおう仕事は終わりだよ。

せっかく議席を三百も取ったんだから、四年間、何とか満行《まんぎょう》したいわけよ。だから、今、二人使って、俺で三人目だろ? あと前原とか海江田《かいえだ》とか、まだ二人ぐらい候補がいるから、四人ないし五人投入すれば、四年間、何とかもたせられる。
実は今、民主党が考えてるのは、これしかないんだ。「解散なく四年間やっているうちに、何とか地盤《じばん》ができないか」とね。

「アナウンス効果」によって国債《こくさい》の暴落を防ぐのが目的

綾織　民主党としては、それでよくても、日本としては困るのです。あなたは、日本という国を、どういう方向に持っていこうとしているのですか。

野田守護霊　昨日《きのう》も言ったじゃないの。もう、日本という国は、雪だるまが転がり落ちるように……。

酒井　日本を落とさないように頑張《がんば》るのでしょう?

野田守護霊　本音は、そうだ。「日本が雪だるまのように転がり落ちていくのを、何とか、支えて持ち上げよう」と、私はしとるんだ。

立木　しかし、あなたが増税路線を敷《し》いたならば、日本経済は沈没《ちんぼつ》して、その雪だるまは転げ落ちていきますよ。

野田守護霊　だけどさあ、「アナウンス効果」っちゅうのがあるわけよ。

つまり、二〇一五年でも、それ以降でもいいけど、「将来的に増税して財政を健全化する」というアナウンスをすることによって、少なくとも、日本国債《こくさい》が売り飛ばされて暴落し、紙切れになるのを防げるわけよ。

こういうアナウンス効果っていうのがあるのよ。「日本は、ギリシャみたいにならないんだな」ってね。だから、実際にやるまで、時間がかかってもいいわけだ。

酒井　そのアナウンス効果は別として、実際に増税をしたら、日本は……。

野田守護霊　いや。それは私の代じゃないから。

酒井　いや。あなたが決めるんですよ。あなたが判断して、日本を浮上させるのか、それとも転落させるのかを決めるのです。

野田守護霊　やるのは私？　私が転落させるかどうかを決める？　そんなこと関係ないよ。

酒井　「関係ない」って？　あなたの方針によって、日本の将来は変わってくるんですよ。

野田守護霊　なんで？　雪だるまは、すでに坂道を転がり落ちてるんだぜ。だから、私に関係なく、転がり落ちてるの。

酒井　あなたは、先ほど、「その雪だるまを何とか支えて、持ち上げていきたい」

と言っていたではありませんか。

野田守護霊　うんうん。何とか、そうしようとしてるわけよ。だから、私が潰《つぶ》されたら、日本は終わりなんだろ?

「日本経済を浮上《ふじょう》させる策」など持っていない

綾織　財務省のレクチャー以外に、普段《ふだん》、経済や金融《きんゆう》、財政について、どれだけ勉強されていますか。

野田守護霊　耳学問とかは、いろいろあるけどさ。やっぱり、駅前に立って演説したりするのが長かったから、ちょっと勉強はね。まあ、机に座ってると痔《じ》になるから、勉強は好きじゃないんだよ。

綾織　先ほど、「日本は、ギリシャと同じようになってはいけない」というような話をされましたが、ギリシャと日本とでは事情がまったく違います。日本では、国債を買っているのは、ほとんどが日本人ですが、ギリシャでは、ほとんどが外債《がいさい》で、外国人が買っていますよね。

野田守護霊　菅《かん》さん以上の経済知識を持ってるように見せたら、嫉妬《しっと》されるから、知らない振《ふ》りをしてるだけなんだよ。

綾織　本当は、経済や財政について、よく知らないのではないですか。

野田守護霊　いや。そんなことはないよ。私は「経営の神様」に指導されたわけだから、それは分かる。

酒井　では、「日本経済を浮上《ふじょう》させるための策」を言ってください。

野田守護霊　そんなもん、あるわけないじゃない。

酒井　何も勉強していませんね。

野田守護霊　あるわけがないでしょう。

立木　それでは、首相は務まらないのではないですか。

野田守護霊　希望としては、「坂の上の雲」なんだよ。希望としてはね。だけど、実際は、今、雲から雪が降って、雪だるまが転がり落ちてるような状態なんだよ。だから、総理になると、この雪だるまをまともにくらうことになるから、柔道的に、こう、自分の体をぶつけてだね、それで……。

政治家をしていると、中身が空っぽになる

酒井　「雪だるまのたとえ話も、自分で考えたものではない」と言っていましたよね。あなたには、自分の考えが何もないではないですか。

野田守護霊　君、政治家をやってたら、中身が空っぽになるんだ。知らんの？

酒井　空っぽなんですか。

野田守護霊　いろんな人の意見を聞いてるうちに、何が何だか分からなくなるんだ。学者じゃないんだよ、政治家っていうのは。

酒井　あなたの演説で一つ印象に残ったのは、「人情」という言葉です。

野田守護霊　「人情」、いいねえ。義理と人情。

酒井　フーテンの寅《とら》さんのような印象を受けましたが。

野田守護霊　いやあ、顔がね。まあ、ほかに生き筋がないじゃん。

酒井　（苦笑）自分の考えを述べるとか、何かビジョンを示すとか、そういうのはないのでしょうか。

野田守護霊　君みたいに、「美容院に行ったら美男になる」っちゅうんなら、いいよ。

酒井　では、美容院に行ってみてくださいよ。

野田守護霊　君は、最近、散髪屋《さんぱつや》から美容院に変えたんだろう？（会場笑）

酒井　なぜ知っているんですか。

野田守護霊　それは知ってるよ。

宗教の分際で美容院かあ。君は、課税強化を受けてなくて、散髪屋から美容院に変えられる身分で、わしは、ずっと千円で散髪をやってるわけだ。

酒井　「今の若者は、散髪屋ではなく美容院に行く人も多い」という話を聞いて、変えてみただけなのですが。

野田守護霊　わしは、そんなこと知らんわ。

酒井　（苦笑）

野田守護霊　とにかく、泥臭《どろくさ》いほうが人気はまだあるかなあと思う。

綾織　「経済政策の中身は空っぽだ」というのは、よく分かりました。

野田守護霊　空っぽではない。わしの時代の昔の経済は学んだ。

3　外交については「保守」なのか

父親が自衛官だったので、いちおうは保守

綾織　ところで、外交のほうでは、「A級戦犯は戦争犯罪人に当たらない」と、極《きわ》めて真っ当なことをおっしゃっていますね。

野田守護霊　これ内緒《ないしょ》なんや。「代表選では、外交について言わない」っていうのは暗黙の了解《りょうかい》でね。外国から反対運動とか起こされると、総理になれないから、今、ちょっと静かにしてる。

綾織　そうした保守的な主張は本音ですか。本心から、そう思っているのですか。

野田守護霊　うーん。まあ、親父《おやじ》は自衛官をやってて、空挺《くうてい》部隊にいたから、いちおうはね。

ただ、今は、極右とか軍国主義とか言われるのを恐《おそ》れてるので、保守的なところを隠《かく》し、農家みたいな振《ふ》りをしている。

綾織　これからも隠していくのですか。

野田守護霊　やっぱり、民主党は「中国寄り」で政権を取ったわけだし、財界も、それで応援《おうえん》してくれたわけだから、個人的なことで、中国との関係がギクシャクすると、まずいじゃん。だから、ある程度、実績ができるまでは、少し控《ひか》え目に行こうとは思っとるけどね。

綾織　代表選の演説では、「日米関係は基軸中の基軸《きじくちゅう》」とおっしゃっていましたが、この部分は前面に出していくわけですね。

野田守護霊　うーん。まあ、うーん……。

〝外国音痴《おんち》〟なので外交は苦手

綾織　外国のことはあまり分からないのですか。

野田守護霊　私ね、〝外国音痴《おんち》〟なのよ。分からない。だから、「国際会議がいっぱいある」っつうんで、困ってるのよ。

綾織　いきなり九月から、外交日程が入りそうですね。九月下旬《げじゅん》には、国連総会があります。

野田守護霊　そうなんだよ。菅《かん》さんは、外国が苦手なくせに海外に出たがってさ。恥《はじ》かいて帰ってんだけど、菅さんには、それが分かんない。私は、恥かいてることぐらい分かってたんだけど、「自分が行っても恥かくなあ」と思って……。

綾織　オバマさんとも、あまり、会談したくないですか。

野田守護霊　したくないねえ。あの人は、なんか、かっこいいもん。

綾織　横に並ぶと、差がはっきり出るでしょうね。

野田守護霊　アメリカでは、ドジョウの評判は悪いんじゃないかな?　大丈夫《だいじょうぶ》かなあ。うーん。ちょっと、まずいね。

綾織　しかし、経済も外交も音痴となると、取り柄《え》が何もなさそうですね。

野田守護霊　いやいや。だから、外交は前原がやるんじゃないかな。

酒井　あなたは、何も考えていないのですか。

野田守護霊　私はね、「西郷隆盛《さいごうたかもり》」なんだよ。まあ、そういう、何て言うか、「よきに計らえ」と言って、みんなの意見を受け止めてやるのが、私の取り柄なんだ。

酒井　西郷隆盛は、自分の意思を持っていましたよ。あなたには、自分の意思がないじゃないですか。あなたは、生き残るために、一生懸命《いっしょうけんめい》、人と人との間をくぐり抜《ぬ》けようとしているだけではないですか。

野田守護霊　君、そんなこと言ったって、駅前で二十数年間も毎日のように説法《せっぽう》はできませんよ。これ、日蓮《にちれん》の気分だよ。

立木なんか、毎日はやっとらんだろう？　だから、政治家としては駄目《だめ》なんだ。学者になったらいい。

立木　辻《つじ》説法も大事かもしれませんが、中身がなければ、やはり、政治家としては、厳しいのではないですか。

野田守護霊「中身」って？　そんなの、学者がいっぱいいるじゃん。

朝日系・左翼《さよく》系を刺激《しげき》するので、本心は見せたくない

立木　例えば、つい最近も、尖閣《せんかく》諸島周辺で、中国の漁業監視船《かんしせん》が領海侵犯《しんぱん》をしましたが、それについて、あなたは、どのように考えておられるのですか。

野田守護霊　あー。あー。今、自民党が、ちょっと、あれだからねえ。そうだねえ。あそこんとこは、ちょっと揉《も》めてくるやろうね。

私は、在任中、なるべく揉め事は起こしたくないんだけどねえ。

立木　そうすると、去年、漁船衝突事件《しょうとつじけん》が起きたとき、菅内閣がしたのと同じような対応をするということですか。

野田守護霊　うーん。いやあ、それは……。

君、雑誌が出るのに一カ月かかるんだっけ？　じゃあ、一カ月はもつな。大丈夫。

大丈夫。

酒井　いや。なるべく早く出します。この収録ビデオはすぐ公開しますし、「ザ・リバティ」のWEB版にも速報をすぐ出します。

野田守護霊　すぐ出るとまずいんだ。すぐ出るとまずいんだよ。

私は、いちおう、朝日系が敵になる可能性があって、そちらを刺激《しげき》すると、やられるかもしれない。海江田《かいえだ》も、あちら系をすごく怖《こわ》がってたからね。わしは、最近、ちょっと刺激をしたので、あちら系から、悪さをされたような感じがする。だから、なるべく、左翼《さよく》系を刺激しないようにしなければいけない。

民主のなかにも左翼系はだいぶいるから、ここを刺激しないように、ドジョウのように潜《もぐ》って、本心を見せないようにしないといけないんだ。

本心は、まあ、できたら、「日本の領土である」と言いたいけども、それをテーマにして、総理を続ける自信はない。

4　守護霊が考える「野田内閣の使命」

国難に対処するのは財務省の役割？

酒井　もう、解散したほうがよいのではないですか。

野田守護霊　え？　解散？　解散はできないよ。負けるじゃん。

酒井　首相になるのをやめたほうがよいのではないですか。

野田守護霊　「解散しない」と公約して、みんなに票をもらったんだから……。

酒井　ただ、あなたは、何度も「国難」と言っていましたよね。あれもジェスチャーですか。

野田守護霊　国難は、あんたがたがよく言ってたから、それを勉強したんやないか。

綾織　パクっているわけですね。

野田守護霊　もうパクるよ。どんどんパクるから。

酒井　では、本心では、国難とは思っていないわけですか。

野田守護霊　いや、国難だよ。少なくとも、地震《じしん》・津波《つなみ》・原発事故で……。

酒井　あなたの舵取《かじと》り一つで、この国難がさらに深刻化し、日本は奈落《ならく》の底に落ちていくかもしれないのです。もう時間の猶予《ゆうよ》はないんですよ。

野田守護霊　だけど、それをやっていくのは、結局、財務省なんだよ。

酒井　財務省の役人ではなく、あなたが決断しなければいけないのです。

野田守護霊　財務省が決めてくれないと、実際、何もできないんだよ。

酒井　あなたは、首相公選制を肯定《こうてい》しているのでしょう？

野田守護霊　うん。まあ、いちおう、そういうことになってはいるけどね。

酒井　「なってはいる」って……。

野田守護霊　だって、首相公選制にしたら、私なんか通るわけないじゃない。

酒井　あなたの意思はどこにあるのですか。

野田守護霊　村社会でやってるから、総理になれるんであってね。

「東北の残務処理」以上の仕事はできない

綾織　「政権を何とか一年間もたせたい」ということですが、あなたの任期中は解散をしないわけですね。とにかく引き継《つ》ぐのみでしょうか。

野田守護霊　結局、私の内閣は、「東北の残務処理内閣」なのよ、はっきり言えば。使命は、もう分かってるのよ。

あれを片付けて、とにかく復興のところまでやるのが、私の仕事です。とにかく、野党の合意を取りつけて、予算を付け、そして、復興を軌道《きどう》に乗せて、ある程度、住めるようにするところまでが、私の仕事。それ以上はできない。

立木　復興が必要なことは分かりますが、それ以外にも、「どのようにして日本経済を浮上《ふじょう》させるのか」とか、「今、盛んに空母をつくったりしている中国に対して、どう対応していくのか」とか、そういうことが、今、必要ではないでしょうか。

野田守護霊　そんな刺激的《しげきてき》なことを言ったら、すぐに内閣はもたなくなるからさあ。

立木　いやいや。そうではなく、「日本にとって何が必要か」ということを考えなければいけないのです。

野田守護霊　だから、なるべく昼行灯《ひるあんどん》のほうがいいんだよ。私は、いちおう、大石《おおいし》内蔵助《くらのすけ》みたいな人を尊敬しているんだ。本心が分からなくて、のらくら遊んで暮らし……。

酒井　「本心が分からない」というよりも、「本心がない」ということですね。

野田守護霊　いや。そんなことないですよ。何年かやってると、化けるかもしれない。下手したら、化ける。

酒井　「化けるかもしれない」と言っても、今、何の考えもないではないですか。

野田守護霊　今はまだ、討《う》ち入りの時期じゃないわけよ。四十七士の討ち入りの時期じゃないんだ。今、「討ち入るぞ」と言ったら、すぐ戦いになる。

5 「復興増税」と「エネルギー政策」に対する見解

「増税による財政健全化」をアナウンスして、国債《こくさい》を買わせたい

酒井　東日本大震災《だいしんさい》の復興に関して、その財源はどうするつもりなんですか。

野田守護霊　それは、財務省が主導権を持たなきゃいけないから、自分が財務大臣であったところを最大限に利用しなきゃいけない。

酒井　財務省に決めさせるんですか。

そうなると、「増税のアナウンス効果」と言いつつも、その「増税」というイメージによって、消費不況《ふきょう》が起きるのではないですか。

野田守護霊　いや、「日本は、増税するので、税制改革ができて財政は健全化する。だから、国債《こくさい》は安全ですよ」ということをアナウンスして、国民に国債を買わせなければいけないから、これは、いい作戦なんだよ。

酒井　国債はよくても、消費は下がるのではないですか。

立木　そうです。増税した結果、景気が落ち込《こ》んで、株価が上がらなくなり、結局は、どんどん、どんどんと……。

野田守護霊　いや、増税しなくていいんです。「増税する」と言って、日本の国債の暴落を防いで、国債を買わせるのが目的なんだから。

立木　増税は本心ではないわけですか。

野田守護霊　それはやっぱり、いちおう国債で金を集めますよ。それは、しかたないよ。

だけど、「国債が暴落する」っていう予想が立ったら、まずいじゃないですか。だから、「将来的には増税するから、財政は健全化する」と言っといて、国債を買わせる。それで金を集める。

これ、すごく賢《かしこ》いじゃない。もう、軍師みたいじゃないか。

経済に関しては「海江田《かいえだ》の考えが正しい」と思う

綾織　そうすると、今、復興増税について、法人税や所得税などが対象として挙がっていますが、これも、それほどやるわけではないんですね。

野田守護霊　まあ、国債が暴落して、買い手がつかなくなるのは困るからさあ、いちおう……。

立木　ただ、今、資金の流れを見れば、銀行はまだ、どんどん国債を買っていますから、全然、「暴落」というレベルではないと思いますよ。

野田守護霊　うーん。

酒井　あなたは、もしかしたら、与謝野《よさの》さんにかなり引っ張られていませんか。

野田守護霊　うーん、まあ、それは、与謝野がね、海江田《かいえだ》とライバルだからさあ、海江田を追い落とすには、あちらの考えを使うしかないよね。

酒井　では、与謝野さんの意見は聞かないといけないんですね。

野田守護霊　うん。海江田はさあ、経済に関する意見が、あんたがたのほうに近いんじゃないかと思うんだよ。あれは、専門家だからさあ、きっと正しいんだろうと思うんだよ。

酒井　「正しい」というのは分かりますか。

野田守護霊　あいつのほうが正しいんだと思う。「正しい」と思うけど、あれは、永田町では勝てないんだよ。

酒井　勝てないんですか。

野田守護霊　勝てない。それは分かってるんだよ。

酒井　与謝野さんの意見を、どの程度、取り入れるつもりですか。

野田守護霊　与謝野さんの意見は、まあ、あの人が引退するまでだ。

酒井　あの人は、完全な増税論者ですよね。

野田守護霊　ああ、いちおう、そういう人がいてくれないと、一人で言うのは、やっぱり困るじゃん。

増税を見越《みこ》した「駆《か》け込《こ》み消費」で景気を回復させたい

酒井　そのアナウンスが、国民に対して、どういう効果を与《あた》えるか分かりますか。

野田守護霊　いやあ、それはね、諸外国からの信用が増すわね。

酒井　諸外国ではなくて、国民に対してです。「国民の消費に対して、どういう効果を与えるか」ということです。

野田守護霊　国民はねえ、「増税される」と聞いたら、その前に、駆《か》け込《こ》み消費があるからさあ、景気がよくなるよ。

酒井　本当ですか。

野田守護霊　例えば、「二〇一五年に増税する」とか言うと、あと、四年ぐらいあるから、「四年間は買いまくらないといけない」ということで、一生懸命《いっしょうけんめい》、値段の高いものや耐久性《たいきゅうせい》のあるものを早めに買うだろう。だから、景気がグッと上がる。

立木　逆に、「将来の増税を見越《みこ》して、今のうちから蓄《たくわ》えておこう」というインセンティブ（誘因《ゆういん》）も働きますよね。

野田守護霊　景気が浮《う》いたら、その間《あいだ》、四年間は回復するよ。

酒井　回復しなかったらどうなります？

野田守護霊　ん？　回復しなかったら？

酒井　なぜなら、あなたに回復策がないわけですからね。

野田守護霊　だから、増税で回復させようとしてるんじゃないの。

酒井　「増税で回復させる」などという話は、聞いたことがありません。

野田守護霊　確かに、今、増税したら、景気は悪化する。それは、あんたがたの言うとおりだよ。

だけど、「将来、何年か先に増税する。消費税を上げる」と言ったら、今、買いまくるよ。それは、トイレットペーパーを買い込むようなもんだ。

財務大臣は財務省の言うとおりアナウンスすればいい

酒井　しかし、幸之助さんは、そんなことをあなたに教えましたか。

野田守護霊　幸之助さんはさあ、「経営の神様」で、商売の人だからさ。

酒井　ただ、それは、国家経営と変わらないと思いますよ。

野田守護霊　いや、彼はまだ、国家経営はやったことがないからさあ。

酒井　あなただって、やったことがないではありませんか。

野田守護霊　いや、私は、もうやってますよ。すでに、大臣をやってるんだから。

酒井　でも、財務省の役人の言うことを聞いているだけでしょう?

綾織　やはり、あなたには、基本的に経験が足りないのではないですか。財務省にいきなり入ったので、全体的な視点がまったくないですよね。

野田守護霊　だってね、みんな、賢い人ばっかりなんだよ。だから、説得なんかできるわけなくて、レクチャーを聞くだけなんだ。それで、終わりなんだよ。

綾織　財務省は、賢いですが、全体的な視点はありませんよ。

野田守護霊　「財務大臣」っていうのは、基本的に飾《かざ》りなので、二時間レクチャーを受けたら終わりなのよ。

だから、財務大臣は誰《だれ》でもできるよ。あとは、判子をつけばいいだけだからさ。あんたでも明日《あした》からできるね。

それが財務大臣。財務省の言うとおりにアナウンスすればいいわけ。

財務大臣でも「デフレ」はよく分からない

綾織　あなたは、もう、基本的に、このまま誰かに引き継《つ》ぐためだけにやるわけですか。

野田守護霊　誰かが言っていた「メザシの土光《どこう》さん」じゃないけどさあ、何か、節約して、質素に見えて、金がないようなところや、貧乏《びんぼう》な生活から這《は》い上がったようなところをアナウンスすれば、この先、国民に耐乏生活を強要できるから、みんながら「欲しがりません勝つまでは」で我慢《がまん》してくれて……。

立木　そうすると、ますます消費が盛り上がらず、さらに景気が悪化するのではないですかね。

野田守護霊　だから、「将来、増税する」ということで、消費を上げるんだよ。

立木　いや、でも、今はデフレですから、物が余っているわけでして、やはり、なかなか買わないですよ。

野田守護霊　あんたねえ、そんなにインテリなら、もう学者になれよ。

立木　いえいえ。

酒井　「学者になれよ」っておっしゃいますが、あなたは総理大臣になるんだから、それぐらいのことは知っておいてください。

立木　総理ですから、知らないと駄目《だめ》ですよ。

野田守護霊　「デフレ」なんちゅうものは、財務大臣だってよく分からないんだからさあ。

「エネルギー政策」も分かるわけがない

酒井　総理大臣は、方向性を決めるんですよ。

野田守護霊　先の総理大臣は、もう、原発のことしか考えてなかったんだからさあ。

酒井　いや、「先の」ではなくて、あなたです。

野田守護霊　あ、私ね。私は、原発もよく分からないんだよ。

酒井　原発も、分からないのですか。

野田守護霊　原発は分からないけど、瓦礫《がれき》処理の費用がいくらぐらいかかるかだけは見なきゃいけねえ。

立木　エネルギー政策については、どのようにお考えですか。

野田守護霊　そんなの、分かるわけないだろう。エネルギー政策なんて、ドジョウに分かるわけない。無茶を言うんじゃないよ。それは、もう官僚《かんりょう》が決めるんだよ。経済産業省が決めることだよ。

立木　これには、安全保障の問題も関わってきます。

野田守護霊　だから、その大臣に任すよ。

酒井　（質問者に）これ以上、質問してもしかたがないと思うのですが、何かありますか。

6 「後継者《こうけいしゃ》」には誰《だれ》を考えているのか

いちおう、「前原君との密約」がある

綾織　「一年間、何とか政権をもたせる」というお話でしたが、「意中の人」は誰《だれ》ですか。

野田守護霊　え？　何？　このあと、何？

綾織　おそらく、今、組閣《そかく》で大変だとは思うのですが、このあと、ある程度の人事配置をして、次の人に引き継《つ》ぐような体制をつくられると思うんですけれども……。

野田守護霊　いちおう、それは、前原君と合意してるよ。

綾織　前原さんが引き継ぐわけですね。

野田守護霊　「代表選で二位になった場合は、お互《たが》いに応援《おうえん》する」というかたちで協力した以上、密約があるに決まってるじゃん。当たり前じゃん。松下政経塾は、ほかに使い道があるわけないだろうが。

綾織　はあ、密約ができている。なるほど。

野田守護霊　〝血判状《けっぱんじょう》〟だよ。それは、そういうことだよ。それで譲《ゆず》ってくれてるんじゃないか。そんなの、お互い様だよ。
　つまり、彼の「外国人献金《けんきん》問題」について、みんなの意識が薄《うす》れるのを待ってるわけよ。

綾織　そのために、野党とも協力し、敵をつくらず、とにかくやっていくということですか。

野田守護霊　まあ、中国や韓国筋《かんこくすじ》が、「右翼《うよく》か軍事主義者ではないか」と、いろいろ心配してるから、そこを、なるべく、はっきり分からないようにして、時間を稼《かせ》がなければいけないね。

酒井　では、前原さんの疑惑《ぎわく》が薄れたころに……。

野田守護霊　薄れなかった場合は、まあ、ほかにもいるからさ。本人があきらめたら、それは、別の人でもいいけど。

小沢氏に対しては「ご機嫌《きげん》を取る」以外にない

酒井　「海江田《かいえだ》さんでもいい」ということですか。

野田守護霊　いや、それは駄目《だめ》だ。

酒井　先ほど、「海江田さんもいる」と言っていたではありませんか。

野田守護霊　小沢が引退していれば、まあ、いい。

綾織　ああ、小沢さんが嫌《きら》いなんですね。

野田守護霊　いや、「嫌い」っていうか……。

綾織　小沢政治は嫌《いや》？「小沢支配は駄目」ということですね。

野田守護霊　うーん、これは、まずいんじゃない？　あんた、これを、リリースするんだろう？　まずいじゃん。

酒井　しかし、総理としては……。

野田守護霊　いや、小沢さんは、偉大《いだい》な人だよ。私はねえ、金日成《きんにっせい》に匹敵《ひってき》するような人だと思ってるよ。

綾織　（苦笑）それは、全然ほめていないですね。

野田守護霊　すごく偉大な人だと思う。建国の父みたいな人だと思うよな。うん。

酒井　あなたは、北朝鮮《きたちょうせん》が大好きですか。

野田守護霊　いや、大好きではないけど、まあ、そういうふうな剛腕《ごうわん》だよね。時代と場所さえ違《ちが》えば、国を建てられるぐらいの人だ。

酒井　あなたと組める人ですか。

野田守護霊　リビアに生まれたら、〝カダフィさん〟になれる人だよ。

酒井　ただ、昨日《きのう》から羽交《はが》い締《じ》めされて、大変なことになっているんですよね。

野田守護霊　いやあ、あれは念力《ねんりき》強いよ。

酒井　あなたに対して、何を言ってきているのですか。

野田守護霊　ん？　わしに何を言ってるかって？　「よくも恥《はじ》をかかしたな。百七十七人もいたら、新党をつくれるぞ。（注。本収録の前日に行われた民主党代表選の決選投票で、小沢氏が支持する海江田候補は、野田候補に敗北したものの、民主党議員から百七十七票を獲得《かくとく》した。）

そうしたら、おまえは総理になれずに、その時点で終わりだ。おまえの任期中は総理にしない。まだ、今だったら、総理にしないこともできるし、たとえなったとしても、一週間で独立したら、それですぐに崩《くず》れるからな」と言ってる。

酒井　それに対して、あなたはどう反論するのですか。

野田守護霊　いや、何も言うことはないよ。もう、それは、ご機嫌《きげん》を取る以外に方法はないでしょう。

酒井　では、どのようにして、ご機嫌を取るんですか。

綾織　小沢さんの戦略は、要するに、「あと一年たてば、また民主党の代表選があるから、そこで勝って首相になる」ということですよね。

野田守護霊　そうなんだよ。小沢さんは、何か、「体力を鍛《きた》える」とか言うとるからさあ、危ねえんだよなあ。

綾織　それは阻止《そし》したいんですね。

野田守護霊　彼の守護霊は、「大政奉還《たいせいほうかん》しろ！」と言ってるんだよ。

綾織　そうすると、あなたは、小沢さん以外の、前原さんとか、そういう人に引き継ぎたいわけですね。

野田守護霊　小沢から見たらね、「前原なんか、あんなのは、小童《こわっぱ》で総理の器《うつわ》じゃない」と思ってるんだよ。

酒井　あなただってそうでしょう？

野田守護霊　え？　私は、もう重鎮《じゅうちん》ですよ。西郷隆盛《さいごうたかもり》が張れるぐらいなんだから。

酒井　小沢さんの目から見てですよ。

野田守護霊　ん？　体格的に見たら、別にそんなに……。

酒井　いや、体格で、ものを考えるのではなくて……。

野田守護霊　風格がある。

酒井　では、小沢さんは、あなたに対して一目《いちもく》置いているわけですか。

野田守護霊　いやあ、あんたね、小沢が見て、劣等感《れっとうかん》を感じない相手になることが大事なんだよ。

小沢はね、ほんとは切れる人が嫌いなんだよ。切れる人が嫌いなので、やっぱり、劣等感を感じない相手になることが大事なんだ。切れる場合は、「頭はいいが、力はない」というタイプだったら使えるんだな。

だから、海江田は、「傀儡《かいらい》政権になる」ということを密約したんだよ。「私は、小沢さんの言うとおりにして、顔だけ、テレビ映りだけでやります」ということを約束したから、ああやって応援してもらえたわけよ。

「見栄《みば》えのいい人」につなぐのが私の使命

酒井　あなたは、小沢さんが首相になると、何がまずいと思いますか。

野田守護霊　小沢さんだと、やっぱり選挙で負けるんじゃないかなあ。マスコミに人気がないだろう？

酒井　あなたは、もうすでに、次の選挙を考えているわけですね。

野田守護霊　いやあ、私の使命は、たぶん「三番手」だよ。ほら、リレーでいう「三番手」だから。

酒井　では、民主党が、次の選挙に勝つ戦略は何ですか。

野田守護霊　いやあ、そのときになってみないと分からんね。

最後に、印象のいい人を持ってこなければいけないから、その前のつなぎで私が出たんだと思う。

酒井　「最後の人とのギャップを大きくする」ということですか。

野田守護霊　いやいや、そういう意味じゃなくて、みんな、私の代で選挙にして、私を前面に出したくないだろうから、「最後に、もうちょっと見栄《みば》えのいい人を出したい」ということだよ。〝前原人気〟はけっこうあるからさ、最後に、前原君ぐらいをセットして……。

酒井　ただ、前原さんという人は、運が悪いですよね。

野田守護霊　それは、まあ、〝ドジョウ〟としては言えないな。

酒井　（笑）

野田守護霊　松下幸之助さんも、そういう悪運を強運に変えていく人だったから、分からない。

酒井　しかし、あの人は、けっこう運が悪いですよね。そういう人についていって、本当にいいのですか。あなたも一緒《いっしょ》に〝逝《い》って〟しまいますよ。

野田守護霊　君ねえ、占《うらな》い師みたいで、何か怖《こわ》いことを言うなあ。

7　幸福の科学の印象について

幸福の科学の支部には、一度行ったことがある

酒井　野田氏は、一度、幸福の科学に来て、大川隆法総裁の御法話《ごほうわ》を聴《き》いたことがありますよね。

野田守護霊　君ね、そんなのをマスコミに載《の》せられたら、大変なことになるんだよ。

酒井　そのとき、リップサービスかどうか分かりませんが、「松下幸之助塾主と、まったく同じ思想を持っていらっしゃる」などと言っておられました。

野田守護霊　き、君ね、それを活字とかニュースとかにしたら駄目《だめ》よ。それはタブ

ーだ。そんな地雷《じらい》は踏《ふ》まないようにしないと。

酒井　アメリカの大統領だったら、完全に報道される案件ですよ。

野田守護霊　うーん、だから、地雷をできるだけ踏まないように歩かないと、今、もう周りは地雷だらけなんだよ。

酒井　しかし、あなたは、船橋《ふなばし》の支部に来ましたよね。

野田守護霊　君、何か、嫌《いや》な感じというか、厳しいなあ。君はCIA長官か。

酒井　いいえ。それで、そのとき、当会に対してどういう印象を持たれましたか。

野田守護霊　守護霊というのは、本音を言わなきゃいけないのか。ああ、そうなんか。

言葉を選ばないといけないなあ。まあ、基本的に、敵は減らしたいんだよ。味方は増やせないけど、「敵を減らす」というのが私の基本戦略なんだ。ルックスが悪すぎるので、味方は増えないけど、敵は減らせるんだよ。だから、敵はつくらないようにしなければいけない。

いや、幸福の科学は偉大《いだい》だよ。うん。まあ、幸之助さんの思想のほんとにいいところだけを取っている、偉大な団体なんじゃない？

酒井　「幸之助さんの思想のいいところだけを取っている」と、あなたは考えているわけですね。

野田守護霊　うん。いいところだけをちゃんと取ってる、偉大な団体なんじゃない？　賢《かしこ》いねえ。

綾織　他の宗教との区別がついておらず、票だけを見ていますよね。

野田守護霊　他の宗教は、こんなに「経営」について言わないんじゃないの？　区別はついてるよ。ほかの宗教は、経営なんて分からないじゃん。

綾織　まあ、違《ちが》いは経営についてだけではありません。宗教としての教えの部分は理解されていないですよね。

野田守護霊　とにかく、拝んだらいいんだろう？

自衛隊を応援《おうえん》する幸福実現党には感謝している

酒井　幸福実現党の主張については、どう思われますか。

野田守護霊　自衛隊を応援《おうえん》してくれてるんだろう？　それについては、私は、本当に心から感謝してるよ。

立木　あとは、経済政策のところを、もう少し勉強していただきたいのですが。

野田守護霊　いや、経済政策は、農民の子には、やっぱり難しゅうてなあ。

立木　いやいや。やはり、デフレ脱却《だっきゃく》がいちばん大事ですから。

野田守護霊　ドジョウ鍋《なべ》を流行《はや》らしたら、多少、経済効果が、ハハハハハ、あるかもしらんが。

君、難しいことを訊《き》くんじゃないよ。

8 「国防」に対する見識を問う

アメリカが中国に負けたら乗り換《か》える

立木　その「自衛隊」についてですが、今、アメリカの債務《さいむ》が問題になっており、軍事費削減《さくげん》圧力がかなり強くなっていますよね。

野田守護霊　何か、君、専門家みたいなことを言うなあ。

立木　いえいえ。ただ、アメリカの議会が本当に不調に終われば、「債務削減のため、強制的に歳出《さいしゅつ》をカットする」という話ですから、これをそのまま放っておくと、「在日米軍も、やはり撤退《てったい》か」というような流れになりかねないと思うのです。

野田守護霊　あのね、日本の総理はね、もう、そんなことまで考える余裕《よゆう》がないんだって。

立木　いやいや。考えておかないと、日本の防衛はできないですよ。

酒井　当然、考えておかなければいけないことではないですか。

野田守護霊　アメリカの内情にまで、口を出せるわけがないでしょう。

立木　いや、アメリカに直接、言わなくても……。

野田守護霊　もう、手を握《にぎ》ってもらって、写真を撮《と》ることだけが仕事なんだからさあ。それ以上はないんだよ。

酒井　（苦笑）

立木　日本としては、「自衛隊をどうするのか」を考えないと駄目《だめ》ですよ。

野田守護霊　だから、まあ、そのときに、アメリカさんがどうしてくれるかに、全部よるわね。

立木　いやあ、それでは、中国がどんどん拡張してきたら、もう間に合わないのではないですか。

野田守護霊　そう言ったって、アメリカが負けてきてるんだろう？　中国が大きくなって、アメリカが引っ込《こ》んできてるんだから、それは、しょうがないじゃない。だから、負けたら乗り換《か》えるよ。それだけのことだ。

立木　それは、「中国の属国になる」ということですね。

野田守護霊　「属国になる」とは言わないけどさあ、ただ、俺《おれ》が総理の間《あいだ》にはならないと思うよ。

立木　しかし、今のうちから準備しておかないと、それを防げないわけですから、もし日本が属国になったら、あなたの責任ですよ。

「戦時増税」は必要なのか

野田守護霊　君がそういう意見だったら、幸福実現党は考え方を変えなきゃ。それなら、今、増税かけなきゃ駄目だよ。そらあ、もう「戦時増税」だよ。増税かけなきゃ。

酒井　それは、税でなくても、よいのではないですか。

立木　ええ、そうです。

野田守護霊　増税する気がないんだったら、そりゃあ、基本的に「国を守る気がない」っちゅうことじゃない。君らも嘘《うそ》つきだよ。

立木　いえいえ。税でなくても、今、国内にお金はたくさんありますから。

野田守護霊　ああ？　だけど、東北の復興は、どうするんだね。東北の復興は？　ほれ。

酒井　それは国債を発行して……。

立木　「その国債を日銀に引き受けさせる」という手もありますからね。

野田守護霊　うーん。私は、大胆《だいたん》に日銀に為替介入《かわせかいにゅう》させたし、この前も八兆円ぐらい〝あれ〟したじゃない。（注。野田財務大臣は、八月二十四日、一千億ドル〔約七兆六千億円〕規模の基金の創設を柱とする緊急円高対策を発表した。）

そんな偉大《いだい》な財務大臣なんか、いないんじゃないかあ。

立木　いえいえ。あれは、結局、効果がなかったんです。

野田守護霊　ええ？　効果？　私は、何だか、さっぱり分からないんだよ。

酒井　あれは、誰《だれ》かに、「やれ」と言われたんでしょう？

野田守護霊　分かんねえけどさあ、「とにかく、何かやらなきゃいかん」ということを菅《かん》が言うとったから、まあ、「何か、できることはないか」ということでやったわけだ。

9　野田氏の「過去世《かこぜ》」を探《さぐ》る

過去世《かこぜ》については、なるべく格を上げてほしい

酒井　（質問者に）そろそろよろしいですか。

綾織　そうですね。「中身がない」というのが、本当によく分かりました。ありがとうございます。

野田守護霊　君ら、ぼくを見限ったな。ぼくはね、松下幸之助がね、「将来、宰相《さいしょう》の器《うつわ》だ」と太鼓判《たいこばん》を押《お》した人間で、政経塾の一期生なんだよ。

酒井　ああ、もう分かりました。ただ、あなたは、「自分が守護霊だ」という認識

はあるわけですよね。

野田守護霊　あるある。だから、立派だろう?

酒井　いつの時代に生まれていたのですか。

綾織　あなたは、農業レベルのことはだいぶ分かるようなので、やはり、江戸《えど》時代あたりの人ですか。近代の経済については、よく分からないですよね。

酒井　非常に日本的ですから、やはり、日本人でしょうね。

野田守護霊　そりゃ、そうだろうね(苦笑)。そのくらいは、君でなくても分かるよ。

酒井　そうですね。

野田守護霊　うーん。日本人だろうねえ。でも、君らは、あんまり有名な人で出したくないよね。

酒井　有名でなくてもいいですが、時代はいつですか。

野田守護霊　どのくらいにしてくれる？　なるべく格を上げといてほしいんだけど。それで総理にさせてもらうのでね。

江戸《えど》時代に東海道で「富士山《ふじさん》の噴火《ふんか》」を見た

酒井　それでは、まず、江戸《えど》時代にはいらっしゃいましたか。

野田守護霊　うーん、江戸かあ……。うーん、いたかも。

酒井　いましたか。それは、いつぐらいですか。飢饉《ききん》があったころとか。

野田守護霊　うーん。何か、富士山《ふじさん》が噴火《ふんか》してたような気がするなあ。私は、そういう災害のときに、よく生まれるんだよなあ。

綾織　ということは、宝永《ほうえい》ですかね。

野田守護霊　うーん、飢饉があったなあ。富士山も噴火してたような気がするなあ。

酒井　富士山に近い所にいたのですか。

野田守護霊　ああ、東海道を歩いてたときに、富士山が火を噴《ふ》いてるのが見えた。

酒井　何のために東海道を歩いていたのですか。

野田守護霊　いや、新幹線がなかったからさあ。

酒井　何の仕事で歩いていたのですか。

野田守護霊　そりゃあ、やっぱり、あっちへ行ったり、こっちへ行ったりするるじゃない。みな、上方《かみがた》と江戸の間《あいだ》を行ったり来たりするだろうよ。

酒井　では、幕府の？　どちら側の人ですか。

野田守護霊　わし？　いや、きついなあ。そんなの訊《き》くかあ……。いや、つらいなあ。これを言っちゃあ、もう、君……。ねえ、粉飾《ふんしょく》は、どれぐらいまで許すの？

酒井　駄目《だめ》です。粉飾は、あとで大変なことになるんです。

野田守護霊　宗教だって、ちょっとは、飾《かざ》りはあるんだよ。

酒井　あの世に還《かえ》ったあとで、大変なことになりますよ。

野田守護霊　「方便」ってあるじゃない。

酒井　いやいや。あなたの場合、もう、一国の総理ですから。

野田守護霊　嘘《うそ》と方便は違《ちが》うんだ。

酒井　一国の総理になる予定の人なんですから、それはちょっとまずいですよ。一般人ではありませんのでね。

過去世《かこぜ》でも「目立たないこと」を仕事にしていた

野田守護霊　うーん、まずいなあ……。だから、江戸と京の都を、ときどき行ったり来たりするような立場ではあった。

酒井　何をするために？

野田守護霊　ううん、それは困るなあ。それを言われると、ちょっときつい。

綾織　江戸幕府の中枢《ちゅうすう》にいた方ですか。

野田守護霊　うーん、ちょっとつらい。それを言わされるのかあ。

酒井　しかし、総理としては、やはり、言わないといけないでしょう。ドジョウのままでは駄目です。金魚でなければいけません。

野田守護霊　うーん、金魚かあ。いやあ、実は金魚は目立つから駄目なんだよなあ。

酒井　明らかにしておかないと駄目ですよ。

野田守護霊　〝赤いべべ着た金魚〟は駄目なんだよなあ。俺《おれ》は、目立たないのが仕事だったので……。

酒井　あ、当時も、目立たないのが仕事だったんですね。

野田守護霊　ああ、目立たないのを仕事にしてたんだよなあ。

酒井　隠密《おんみつ》ですか。

野田守護霊　君、けっこう厳しいところを突《つ》いてきたなあ。近いなあ。

酒井　それで、何の役目だったのですか。

野田守護霊　うーん。まあ、厳しいなあ。

立木　朝廷《ちょうてい》を見張っていたのですか。

野田守護霊　うーん、厳しいなあ。言い方がすごく厳しいなあ。

酒井　言わないと、おそらく、あとで幸之助さんがしゃべってしまいますよ。

野田守護霊　あの人は、そんなに口が軽くないだろう。

酒井　いやいや。だって、あなたに対して、今、怒《おこ》っておられるんですよ。

野田守護霊　政経塾の人は、みな、口が軽いが、私は、口が軽くないんだよ。重厚《じゅうこう》なんだよ。

酒井　あなたは、幸之助さんに感謝の言葉を一言《ひとこと》も言っていないんですから、幸之助さんは、あなたに対して怒っているんです。だから、すぐに言ってしまいますよ。

野田守護霊　そりゃ、まずいな。もう、あの、いやあ……。

「幕府の米蔵《こめぐら》」の管理責任者をしていた

酒井　今、言っておかないと駄目ですよ。ただ、嘘を言ったら、「あいつは嘘つきだ」と言われて、大変なことになりますからね。

野田守護霊　いや、私ね、財務大臣だろう？　君らは知らないかもしれないけどね、江戸時代には、すでに為替《かわせ》相場があったんだよ。米相場っちゅうかね。

酒井　大坂の米相場ですよね。

野田守護霊　うーん。米が相場商品だったので、「儲《もう》かったり、損したり」という相場があったんだよ。今の大阪《おおさか》の堂島《どうじま》かな？　そこに米相場があって、投機もいちおうあったりしたんだけども、そこで、幕府方のね、財テクを少しやっておったんだよ。それで、ときどき、「報告に帰らなきゃいけない」とか、そういう仕事をしておった。

綾織　米相場が分かるなら、基本的には経済が分かるはずですよね（苦笑）。

野田守護霊　まあ、そうだな、もう、それは分かって分かって……。

綾織　今、その経済感覚が、まったく引き継《つ》がれていないですね。どうしたんでしょう？

野田守護霊　うーん、ばれたか。まあ、あの……。

酒井　嘘ですか。

野田守護霊　いや、関係はあるんだけどね。

綾織　相場を取り締《し》まっていたのですか。

酒井　嘘ですね。

野田守護霊　まあ、「相場をやっていた」というのは嘘だけども、関係はあった。

酒井　どんな関係ですか。

野田守護霊　だから、米蔵《こめぐら》を見張る仕事だ。

酒井　米を盗《ぬす》まれないように、見張るんですね。

野田守護霊　うん、そうそう。

酒井・綾織　ああ。

野田守護霊　「幕府米を、どういうふうにするか」ということで、帳簿《ちょうぼ》をつけたり、管理したり……。

綾織　ちゃんと、税収というか、年貢《ねんぐ》が上がるように、そういう管理をしていたわけですね。

野田守護霊　まあ、役人は役人だよ。そういう、お米に関係する役人。

酒井　相場は分からないですよね。

野田守護霊　相場は商人がやることだからね。

酒井　それは、「米の現物を見て、『あるか、ないか』だけをチェックする」という仕事ですね。

野田守護霊　ああ、だから、米蔵の管理責任者をしていた。君らがいう「将軍」でなくて残念だ。うーん。

酒井　「米蔵の管理が仕事」ということですね。

野田守護霊　「米蔵の」という言い方じゃ、ちょっと寂《さみ》しいかな？　でも、ドジョウよりはいいかなあ。

奈良《なら》時代にしたのは、「貨幣《かへい》の金《きん》の比率を薄《うす》める仕事」

酒井　では、その前の過去世の記憶《きおく》は何かありますか。

野田守護霊　ん？

酒井　戦国とか、鎌倉《かまくら》とか、平安とかですね。ずっと日本人でしょう？

野田守護霊　決めつけるなあ。決めつけるけど、まあ、ある程度、正しいなあ。その前はねえ、うーん、わしゃ、こういうのは、頭悪うて、すぐ忘れるんだが、えーっとねえ、江戸の前はあったような気がするなあ。うーん……。なんかねえ、どこかで、金山《きんざん》が発見されたことがあってねえ。

酒井　ほう。

野田守護霊　あれ、どこやったんだろうなあ。秋田のほうやったかなあ。どこやったか。なんか、金山が発見されたことがあって、うーん、銅山もあるけど、ま、金山だったかなあ。おれんとこ、金山だったような……。なんか、それが出たんだよ。日本で金が出たことがあってね。で、それを財源にして、大仏の建立《こんりゅう》かなんかしようとしてた時代だったような気がするんだけど……。

綾織　奈良《なら》時代ですか。

野田守護霊　奈良かね、これ。なんかね、東北のほうから金が出たんだよ。

綾織　行基菩薩《ぎょうきぼさつ》の下《した》で働いたとか、そういう記憶はありますか。

野田守護霊　いやあ、やっぱり、役人のほうであったんだけど、金が出て、それで、いちおう貨幣《かへい》がね、発行され始めた時代があって……。

立木　「和同開珎《わどうかいほう》」ですか。

野田守護霊　そうそう。そのころにいたような気がする。

酒井　お金に関係する仕事を?

野田守護霊　そうそう。どうも金が出てね、銅も、もう出てたけども、それで、貨幣経済をつくろうとしてた時代にいたような……。

酒井　お金の管理をしていたんですか。

野田守護霊　うーん、私がしてたのはねえ……。あのね、金《きん》の比率を薄《うす》める仕事をしてた。

立木　それは現代でも必要ですよ。インフレに持っていかないといけませんからね。

綾織　今で言うと、「日銀がお金をたくさん刷る」ということですから。

野田守護霊　あ、そう、そういうことだな。

綾織　それをやってもらうのが、いちばんいいんですけどね（苦笑）。

野田守護霊　そうだな。だから、やっぱり財務大臣になるだけのことはあるな。専門家なんだ、私は。

立木　ええ。だから、それを実行していただかないと困りますね。

明治維新《いしん》のころには、渋沢栄一《しぶさわえいいち》を手伝った

酒井　そうしますと、江戸時代のあと、明治維新《いしん》前後には、生まれていらっしゃいますか。

野田守護霊　明治維新のころですか。明治維新のころに生まれていないか……。明治維新のころって、最近じゃないか。

酒井　はい。

野田守護霊　明治維新のころに生まれていないか。うーん、何となく感じるような気がする。明治維新のころに、何となく感じるなあ。何してたんだろう？　明治維新のころにねえ、江戸にいた気がするなあ。江戸じゃないのか。東京？　やっぱり江戸？

酒井　すでに明治になっていましたか。

野田守護霊　いや、江戸かなあ？　東京。江戸。えーっとねえ……。

酒井　幕末ではなくて？

野田守護霊　明治維新のころに、何してたんだろう？　俺はねえ、あれをやってたような……。うーん、渋沢栄一《しぶさわえいいち》さんがねえ、農民だったんだけどさあ、取り立てられて、確か武士になるんだよなあ。

酒井　はい。

野田守護霊　渋沢さんも、その前は、武闘派《ぶとうは》で、決起して革命を起こそうとしてたときもあるんだよなあ。そのときに、武器をかき集めてきて、密《ひそ》かに隠《かく》す仕事っちゅうのがあってなあ、同志だなあ。

だから、渋沢さんが決起して革命起こすっちゅう、そんなことをやろうとしてたときに、神社だったかなあ、お寺だったかなあ、どっかの裏というか、二階だったか天井《てんじょう》だったか分からないけど、そんな所に、その決起のときの武器を集めて、蓄《たくわ》える仕事をしてたんだ。それで、彼らはやる気だったんだけど、なんか事情が変わって、兄弟か誰《だれ》かが先に決起して、やられちゃったんだったかな？　そんなんだったような気がする。

なんか方針が変わって、彼が取り立てられて、留学したんじゃなかったっけな？　そんな、すごくコロコロ変わった時代があってなあ。

そのときに、ちょっとお手伝いをしてて、一緒《いっしょ》に決起しようとしたんだけど、彼が変わっていって、その縁《えん》があって、明治に彼が活躍《かつやく》していくときに、何か職を紹《しょう》介《かい》してもらったような気がする。

酒井　それは何のお仕事ですか。

綾織　役人ですか。

野田守護霊　うーん、彼はいっぱい会社をつくってたからねえ。私は、貿易関係、船舶《せんぱく》関係の会社だったような気がする。

酒井　そこで、どういうお仕事をされていたんですか。

野田守護霊　やっぱり、貿易だね。だから、外国の積荷について、荷揚《にあ》げがいくらあるとか、そんな管理をしてた。

酒井　社長さんではなかったんですね。

野田守護霊　うーん。社長かなあ？　「社長」というイメージは、ちょっとないような感じがするな。

過去世《かこぜ》から見ると、今世《こんぜ》は異例の出世を遂《と》げている

酒井　あまり、リーダーにはなっておられないですね。

野田守護霊　でも、やっぱり、一貫《いっかん》して財務大臣になる道にはつながってるねえ。

酒井　総理大臣の道にはつながっていないですね。

立木　今回は、異例の出世を遂《と》げておられますよ。

野田守護霊　え？

立木　一国のトップですから、やはり、今回は異例の出世を遂げておられます。

酒井　総理大臣には、あまり関係がない過去世《かこぜ》でしたね。

野田守護霊　いや、今、一年もたずに替《か》わる総理大臣なんか、会社で言えば、まあ、課長か部長のクラスだからさあ。

酒井　（苦笑）課長か部長ですか。

野田守護霊　社長は一年でやめねえからさあ。普通《ふつう》、六年ぐらいやるだろう。

立木　まあ、そうですが。

野田守護霊　だから、これは課長で、社長じゃないんだよ。だいたい、日本の国の経営は、部長クラスでやってるんだよ。

10　今回の「守護霊インタヴュー」を振《ふ》り返って

結局、見えなかった「野田氏の意思」

酒井　（質問者に）最後に何かありますか。もう、よろしいですか。

野田守護霊　ん？　なんか有名な人を出さないとまずかったかなあ。

酒井　いや、もう、これで結構です。

野田守護霊　体つきは、上野の西郷《さいごう》どんのようなんだけどな。「犬を飼ってた」と言やあ、いいんかな？

酒井　ええ。まあ、それはそのへんにさせていただいて、のちの「幸之助さんのご沙汰《さた》」をお待ちしたいと思います。

野田守護霊　何だか、君、相手として不足だった？　こんな経験豊かな私に対して。

酒井　いや。どんな方でもいいのですが、「何を考えているか」というところが、ちょっと見えなかったものですから。

立木　「何をしようとしているのか」というところですね。

酒井　ええ。そこが、まったく見えませんでした。

野田守護霊　まあ、結局、実務の手伝いをしてたのかなあ。

酒井　このままだと、「官僚《かんりょう》の手伝いをする」ということになってしまいますよ。

野田守護霊　うーん。まあ……。

綾織　今からでも、もう少し、ご自分で勉強されたほうがいいと思います。

野田守護霊　うーん。ドジョウだからねえ。

酒井　いや、「ドジョウ」というイメージが悪いのではないでしょうか。

野田守護霊　うーん。金魚じゃないんだからさあ。金魚がうらやましいんだから。君らは、きっと錦鯉《にしきごい》なんだよな。よかったね。早く、本当に政党になるといいねえ。公党になるといいねえ。一人でも当選するといいねえ。ドジョウに負けてたら、錦鯉にはなれないぞ。

酒井　まあ、これから、国の運営に当たられるでしょうが、非常に重いと思いますので、早く帰らないと、今、大変なことになっているかもしれません。

野田守護霊　そうなんだ。やられるかもしれんなあ。

酒井　ええ。寝首《ねくび》を掻《か》かれてはいけませんので、早く実務にお戻《もど》りください。

野田守護霊　そうなんだ。ポストの売り買いが激しくて、もう大変なんだ。

酒井　今、大変なことになっていると思いますので……。

野田守護霊　うーん（舌打ち）。

酒井　守護霊さんがいないので、今、困っていると思います。

本日は、本当にありがとうございました。

大川隆法　（野田守護霊に）はい、どうもありがとうございました。

農業によく似たものかもしれない「日本の政治」

大川隆法　うーん！　この人は、どのぐらいの人でしょうかね。

酒井　（苦笑）これは、ちょっとまずいのではないでしょうか。

大川隆法　がっかりしましたか。何か、当会のほうが、偉《えら》い人がたくさんいるような感じがしますね。

酒井　こういう人は、世の中には、ほかにもたくさんいると思います。

大川隆法　二十五年も、毎日、同じことができるのですから、確かに、日本の政治というのは、農業によく似たようなものかもしれませんね。

酒井　ええ。ただ、「総理がここまでの人になってしまった」というのは、かなり……。

大川隆法　しかし、菅《かん》さんも、「サイパンで死んだ」ということぐらいしか分からなかったのでは？（『国家社会主義とは何か』〔大川隆法著、幸福の科学出版刊〕第

2章参照）

酒井　（苦笑）そうです。ただ、菅さんは、悪い方向ではありましたが、まだ、意思を持っておりました。

大川隆法　村山富市《むらやまとみいち》さんも、漁師の網元《あみもと》か何かでしたよね。そうではなかったですか。

酒井　そうですね。

大川隆法　さすがに、会員から、「それは信じられない」と言って、投書がありましたが、まあ、結果を見ると、それぐらいの人だったかもしれませんね。

酒井　そうですね。

「票を取るプロ」と「生き延びるプロ」が総理に上がってくる

大川隆法　なぜ、そういう人が総理に上がってくるのでしょうか。このシステムは微妙《びみょう》ですね。

酒井　これで、民主党崩壊《ほうかい》が、さらに早まったのではないでしょうか。

大川隆法　「見識」というものはないですね。

要するに、日本の政治家というのは、人間関係における作戦、戦略として、「いかに、敵を減らし、嫉妬《しっと》させないようにして、自分の地位を長くもたせるか」ということばかり、考えているのでしょう。

だから、「票を取る」ことと、「永田町の力学のなかで、どのように生き延びるか」ということが大事で、そのプロフェッショナルが上がるようになっているのかもしれませんね。

酒井　そうですね。

野球で言えば、「自分の役割は中継《なかつ》ぎピッチャーだから、もう、一回もてばいい」と、完全に思っているようでした。

大川隆法　さて、幸之助さんの評価はどうなのでしょうか。一期生は、あまりレベルが高くなかったのですかね。

引き続き、次の霊言《れいげん》に入りましょう。

第2章

松下幸之助、苦言を呈《てい》す

二〇一一年八月三十日　松下幸之助の霊示

松下幸之助《まつしたこうのすけ》（一八九四〜一九八九）

松下電器産業（現パナソニック）の創業者。松下政経塾の創立者で初代塾長。菩薩界《ぼさつかい》最上段階の霊人《れいじん》で、過去、「ルカによる福音書《ふくいんしょ》」の作者とされるルカや豪商《ごうしょう》・紀伊国屋文左衛門《きのくにやぶんざえもん》としても転生《てんしょう》している。以前の霊言《れいげん》が『松下幸之助日本を叱《しか》る』（大川隆法著、幸福の科学出版刊）として刊行されている。

司会

酒井太守《さかいたいしゅ》（宗教法人幸福の科学副理事長）

質問者

立木秀学《ついきしゅうがく》（幸福実現党党首）

綾織次郎《あやおりじろう》（「ザ・リバティ」編集長）

［役職は収録時点のもの］

1　野田氏は松下政経塾に感謝しているのか

松下幸之助塾長の教えを「古い」と思い、捨てている野田氏

大川隆法　（合掌《がっしょう》し、瞑目《めいもく》する）

今回、松下政経塾の一期生から総理大臣が出そうですが、三十年余り前に松下政経塾をおつくりになられました創立者にして、その初代塾長でもあられた、松下幸之助さんの霊《れい》をお呼びしたいと思います。

松下幸之助の霊、流れ入《い》る、松下幸之助の霊、流れ入る、松下幸之助の霊、流れ入る。

（約十秒間の沈黙《ちんもく》。合掌を解き、椅子《いす》にもたれかかる）

酒井　松下幸之助先生、おはようございます。

松下幸之助　うーん。おはよう。

酒井　昨日《さくじつ》から非常にお怒《いか》りだとのことですが……。

松下幸之助　いや、まあ、怒《おこ》ってはいないよ。君ねえ、政経塾から総理が出るっちゅうんだから、それは、めでたいことだよ。

酒井　ああ、そうでございますか。

松下幸之助　うん。それは、いちおう、わしにとっては自己実現っちゅうか、遺言《ゆいごん》の実現みたいなもんだからね。ええ。それは、まことにもって、めでたいことだよ。まことにもってめでたいが、ただ、あいつは、わしの教えを全然聴《き》いとらんな。

酒井　そうなんです。

松下幸之助　「もう古い」と思って、捨てとるんだよな。あれだったら、政経塾を利用しただけじゃないか。なあ。

酒井　ええ。

松下幸之助　野田が、そんなやつだとは思わんかったなあ。もうちょっと純朴《じゅんぼく》やと思ったけどなあ。

酒井　そうですか。

松下幸之助　ああ。

「松下政経塾の第一期生」というカンバンには付加価値がある

酒井　野田氏が政経塾に来られたころは……。

松下幸之助　最初は、みんな、だいたい、ちょっと変てこなのばかり来てたよな。確かに、変わってるのしか来なかったよ。

酒井　あの方も、そういう方ですか。

松下幸之助　ちょっと変わってるのばかり来てたけど、でも、「いちおう、何らかの箔《はく》が付くかな」と思ったのと、「スポンサーが付いてる」と見て、来たんや。ところが、ちょっと、しごきがきつかったんでな。松下はケチやから、「給料は払《はら》うが、ちゃんと働いてもらう」というような感じで、丁稚奉公《でっちぼうこう》みたいだったんで、反発してる人もいたわな。そういうのもあったんだろうとは思うが。

うーん（舌打ち）。わしの教え、あいつ、勉強してんのかなあ。本を持ってるのかなあ。

酒井　いや、勉強しなかったことを誇《ほこ》りにしているようなところがあります。体力派で、ホームページには「格闘技《かくとうぎ》が好きだ」と書いてありました。

松下幸之助　わしは体が弱かったから、対極的なのかもしらんけど。でも、「カンバンがない」というのは嘘《うそ》だよなあ。いやしくも、早稲田《わせだ》大学を卒業してだね、松下政経塾の第一期生で、国会では四十人近い勢力を持ってる。それで、「松下政経塾がカンバンではない」っちゅうんやったら、わしは許さんな。どれだけの付加価値を生んどるか。

酒井　そうですね。まだ、ご挨拶《あいさつ》に来ていないようですが……。

松下幸之助　松下ファンが陰《かげ》でかなり応援《おうえん》してるんであってだな、それで財界からの信用も得てるわけだし、「財務大臣だ」「総理大臣だ」という立場に立てるのも、「幸之助精神が生きて日本を救ってくれるんじゃないか」という気持ちが、やはり人々にあるからなわけよ。

酒井　そうですね。

松下幸之助　なあ。だから、原点を忘れたら、やはり罰《ばち》が当たるで。

「パナソニック」を「ナショナル」に変えるべき？

酒井　私が気になったのは、幸之助先生の考え方を、「古い」という言葉で一蹴《いっしゅう》してしまったことです。

松下幸之助　最近、わしは怒《おこ》ってんのよ、あの「パナソニック」にも。「パナソニック」って、なんや。どういう意味やねん、あれ。

酒井　（笑）それを私に訊《き》かれても、分からないのですが。

松下幸之助　君、英語の達人なんやろ？

酒井　（立木に）英語の達人、どうですか。

松下幸之助　「パナソニック」って何？　どういう意味やねん。え？

立木　それは、先生が、ご生前、おつくりになったのではないですか。

松下幸之助　ええ？　何が？

酒井　それは「ナショナル」ですよ。

立木　「ナショナル」と「パナソニック」を両方とも……。

松下幸之助　「松下電器」でええやないか。なんでパナソニックに……。なんやねん、あれ。

立木　ブランド名としては両方ともあったと思うのですが。

松下幸之助　ああ、そうか。あったんかいな。ああ。海外で使ってたんや。

立木　はい。そうです。

松下幸之助　わしが分からんと思って……。

でも、「ナショナル」をつくったのは、わしじゃないか?

酒井　そうですよね。

松下幸之助　「ナショナル」だ。英語を使ったんや、ちゃんと。これ、ものすごい、ええ名前やったんや。だから、「ナショナル」って聞いたら、みんな、「わあ、すごいなあ」と言う。「ナショナル・ブランド」っちゅうのは、ピカ一《いち》やったんや。「パナソニック」って、なんや。よう分からんで。こんな英語が分かる人、いるんかね。

立木　新しくつくった言葉だと思います。

松下幸之助　あんなんで、ものが売れるんかね。

立木　いやあ。

松下幸之助　あれ、元へ戻《もど》してくれんかな、「ナショナル」に。

立木　（苦笑）

松下幸之助　君ら（幸福実現党）の政策に一つ入れてくれないかなあ、「パナソニックをナショナルに変えさせる」ということを。

立木　いやあ、私企業《しきぎょう》の行動について、いろいろと言うことはできません。

松下幸之助　そうしたら、政経塾の議員が取れるかもしれないよ。

酒井　ただ、この霊言《れいげん》は必ず本になります。

松下幸之助　そうなんだよ。だから、「パナソニックをナショナルに変える」という政策を、幸福実現党が掲《かか》げれば、松下政経塾卒業の政治家は、ドッと幸福実現党に鞍替《くらが》えする。そして、こちらでやれば、たちまち、国会議員のいる政党ができるじゃないか。なあ。

立木　（苦笑）

松下幸之助　「ナショナル」のほうが、わしは好きやな。あれ、ええ名前やったのになあ。

2　現代でも通用する「無税国家論」

松下政経塾の「無税国家論」が頭から〝蒸発〟した野田氏

綾織　私が気になるのは、先ほど、野田さんの守護霊が、「総理の座を、同じく松下政経塾出身の前原さんに引き継《つ》ぎたい」と言っていたことです。

松下幸之助　嘘《うそ》かほんとか知らんけどな。

綾織　「松下政経塾政権のようなかたちで、民主党政権を延命しようとしているのではないか」と思うのですが。

松下幸之助　まあ、ほかに友達がいないんだろうよ。

綾織　第一期生が野田さんで、たまたま野田さんが松下政経塾出身の最初の総理になるわけですが、「このレベルか」ということになると……。

松下幸之助　いや、「一期生が総理大臣だ」っちゅうのは名誉《めいよ》なことではあるから、わしは、それを擁護《ようご》せないかん立場にあるけど、ただ、あいつ、ほんまに勉強したんかねえ。何だか、わしの「無税国家論」を読んだ形跡《けいせき》がないじゃないか。

綾織　ないですね。まったく頭に入っていないというか……。

松下幸之助　入ってないよなあ。もう蒸発してる、あれなあ。

酒井　はい。「古い考えだ」と否定していました。

松下幸之助　あれはねえ、「ドジョウの酒蒸《さかむ》し」や、ほんと。酒が蒸発してしもうて、もう残っとらへん。

酒井　はい。

松下幸之助　ねえ。あれ、何を勉強したんだ。

「国家経営は非営利事業だから税金が要《い》る」という考えは誤り

綾織　もう一度、松下政経塾出身の議員の方に、「無税国家論」を勉強してもらう必要があるのではないでしょうか。

松下幸之助　わしは、最高で九割以上、税金を取られたことまであるからね。九割までは行《い》ったけど、八割ぐらいのときに、あれ（無税国家論）を言ったんかなあと思うけどな。

「だいたい、税金を納める手数料として給料をもらっとるような感じや」っちゅうことについて、わしの意見で、「こんなんで、ええんか」という問題提起をした。

ひどくピンはねをされたら、昔の農民だって、そりゃあ、君ねえ、一揆《いっき》を起こすわね。

一億円を儲《もう》けて、八千万円とか九千万円とか税金を取られたら、普通《ふつう》、人間は働くか。働かんだろう。

酒井　日本から出ていきますね。

松下幸之助　なあ。それではあかんから、「こんなことをしないと国家経営ができんのやったら、国家経営の生産性が悪すぎる。知恵《ちえ》を出せば、もっと少ない銭《ぜに》で、ちゃんと、いい経営ができるはずや。知恵を出し合って、もっと安い税金でやれるようにしなはれ」ということを言ったんや。

これは、松下政経塾の教えのなかでは、第一とは言わんけど、三本柱ぐらいを挙げりゃ、いちおう、そのなかの一つに入っとるよ。

酒井　先ほど、彼の守護霊は、要するに、「企業《きぎょう》経営と国家経営は違《ちが》う。幸之助先生は国家経営をしたことがないので、古いんだ」と言っていました。

松下幸之助　だから、「国家経営は非営利事業やから、儲けを目的にしとるもんじゃないけど、幸之助のとっつぁんは、金儲けや利益に執心《しゅうしん》しとったから、違うんや。国家経営が、ほんとは分かっとらんのや」と言いたいんやろ。そういうふうに生意気なことを、今、天狗《てんぐ》になって、思うとるんだよ。

酒井　それに対して、一言《ひとこと》……。

松下幸之助　財務大臣やって、今度、総理大臣やるんかもしらんけど、頭のなかにあるのは、「あんな、商人上がりのとっつぁんは、会社の金儲け以外のことを考えとらんから、『利益第一や』と思ってるけど、政府は利益のためにやるんやないんや。非営利事業であって、利益なんか度外視してやらないかんから、税金を取らないかんのや。だから、それ（無税国家論）は間違っとるんや」という、政経塾批判やな。だから、政経塾の出発点を、まず批判してるんや。

酒井　そうですね。もしかしたら、そういう考え方は松下政経塾出身の政治家たちのなかに蔓延《まんえん》しているのではないでしょうか。

松下幸之助　だから、名前だけなんや。福沢諭吉《ふくざわゆきち》さんは、慶応義塾《けいおう》をつくって、「門閥《もんばつ》は親の敵《かたき》でござる」とか言ってたよね。でも、今、門閥をつくってんだろ？　慶応はな。あれと同じように、政経塾は門閥だけの機能になっていて、塾生たちはもとの精神をもう忘れとるんと違うかなあ。

野田氏に「国家の経営理念」はあるのか

酒井　彼らに対して、やはり、一言、幸之助先生から、「無税国家論は現代でも通用する考えだ」とおっしゃっていただければ……。

松下幸之助　いや、ご祝儀《しゅうぎ》を言わないかんから、「一期生で総理大臣、おめでとう」ではあるんやけど、しかし、わしは、「会社には経営理念というものがあって、経営理念が仕事をし、人が育つんや」と、経営理念の大事さを、繰《く》り返し言うたんやけどな。

経営理念があるかぎり、創業者が生きておろうが死んでおろうが、会社は続いていくんであって、松下電器は五十年おきの二百五十年計画を立てたんだね。

二百五十年間の計画を立て、「経営理念が生きとるかぎり、会社は続いていける」と思うとったのに、けしからんやつが一匹《いっぴき》おってな、松下電器の社名を「パナソニック」に変えよって、「それが幸之助の精神じゃ」と勝手にぬかしよった。「死人に口なしや」と思うてね。

酒井　その方は、この夏に本を出し、生前の先生の教えについて述べていますね。

松下幸之助　でも、わしには、最近、〝口〟があるんだからな。最近は、便利な人

（大川隆法）がいて、わしにも〝口〟があるから、言えるんや。

酒井　はい。

松下幸之助　ああいうふうに、わしの教えのええとこ取りをして、「日に新た」とか言うてる。なんか、わしが言うたとかいうとこだけ取ってるけど、あれやったら、何やっても構へんなあ。

酒井　そうですね。

松下幸之助　また、確かに「朝令昼改《ちょうれいちゅうかい》」も言ったことがあるけど、だからって、それは、「誰《だれ》がやってもいい」っちゅうわけやない。

そういう臨機応変もあるけど、会社というものは、基本的には、基本理念、経営理念があって、それにみんながついていくことによって、まとまるんで、何千人、何万人、何十万人もの会社がもつのは、経営理念があるからこそなんや。これを取り除いて、「日に新た」や「朝令昼改」を全員がやってごらんよ。それでは、会社として、もたないよな。

国家だって同じですよ。国家は、もっと大きくて、何千万人や何億人単位だね。だから、国家の理念というものがあるわな。国家の経営においても、会社の経営理念を発展させたかたちで、国家としての経営理念がなかったらいかん。これに基《もと》づいて国家経営をやるのが政治家やな。

その経営理念のところが見えないで、とにかく、票が取れるか、役職が取れるか、こういうことばかりやってるんやったら、国家経営者としての器《うつわ》ではないわな。

彼は、財務大臣から、今度、総理大臣になるんかもしらんけど、先ほど、彼の守護霊は、国家としての経営理念を何も語らんかったやんか。ええ？　一時間やって、何も言わんかったやろ？

酒井　はい。

傲慢《ごうまん》で、本当の意味での謙虚《けんきょ》さがない野田氏

松下幸之助　「どぶ板政治家」という言葉があったけど、彼は、「ドブネズミ政治家」か「ドジョウ政治家」か知らんが……。

酒井　ドジョウです。はい。

松下幸之助　「沼《どろ》んなかで潜《もぐ》っとりゃあ大丈夫《だいじょうぶ》だ」みたいな考えは、ちょっと卑怯《ひきょう》やと思うな。

いや、わしだって、苦労して丁稚奉公《でっちぼうこう》をし、小学校中退で上がってきたから、「ジバン（地盤《じばん》）、カンバン（看板）、カバン（鞄《かばん》）なし」っちゅうのは、わしのことを言うんであって、あれ、何を言うとるねん。

だから、「小学校を中退してから総理大臣になってみい」っちゅうねん。だったら言うてもええけど、いちおう、早稲田《わせだ》大学っちゅう、わしには、行きたくても行

けんかったようなとこを卒業してやねえ、栄光ある松下政経塾の卒業生で……。

酒井　しかも一期生です。

松下幸之助　同志がたくさんいて応援《おうえん》してくれてて、松下ファンが、まだ、あちこちで生きてて、経営者のなかにも、わしを師匠《ししょう》と仰《あお》いでる人が大勢いて、その応援のなかで上がってきてるんやから、彼以外のオーラが輝《かがや》いとるんだよ。

そういったって、後ろには、〝ご本尊〟松下幸之助がいてだね、オーラを後ろから放っとるから、ボンクラのような人でも、偉《えろ》う見えとるんだがな。それで、ドジョウでも金のドジョウに見えとるんだよ。それを分かっとらん。

彼は、謙虚《けんきょ》なような言い方をしてるだろう？

酒井　はい。

松下幸之助　謙虚なような言い方をしてるけど、傲慢《ごうまん》だよ。ほんとの意味での謙虚さがないよ。
だからね、「今日《こんにち》、私があるのは、幸之助先生のおかげです」と、一言、テレビの前で言うてほしかったなあ。
酒井　テレビの前で言うべきですね。
松下幸之助　ああ。言うべきだ。政経塾の一期生だろ?
酒井　そうです。
松下幸之助　ほんとは、これがカンバンで、なれたんだろう?　違うか。
酒井　その精神を言わなくてはいけないですね。
松下幸之助　政経塾の卒業生たちが、みんな、三十年間以上、立ててくれたんだろう。で、彼には能力がないのを、みんなが知ってたけど、「政経塾から総理を出すんやったら、順番としては、まず一期生から出したほうがいい。後輩《こうはい》は、あとからなれるから、先輩がなったあとでいい」ということで、押《お》してくれたんだろう。だから、そのへん、ちょっと、一本、筋が通っとらんで。

あと、民主党は、「小沢がどうのこうの」と言い、「反小沢」「脱《だつ》小沢」をめぐって争ってるけど、こんなの政治じゃないよ。わしには、こんなことを教えた覚えはないね。こんなの関係ないよ。全然、関係ない。なんだ、これ。学生運動の内ゲバみたいなもんやないか。「革マル派」だの、「中核《ちゅうかく》派」だの、グループがたくさんあったやないか。あれと変わらんで。

酒井　そうですね。

松下幸之助　そんなの国家経営とは違うよ。だから、それは問題外だよ。

「増税のアナウンス効果」発言は財務官僚《かんりょう》の〝振《ふ》り付け〟

酒井　野田氏には理念はないのですが、彼の守護霊は、一言、「今、増税を打ち出せば、アナウンス効果で景気がよくなるだろう」と言っていました。

松下幸之助　それは、実際には、財務官僚《かんりょう》が、そういう、うまいことを言ってきておるんだろう。大臣なんか、どうせ長くはいやしないからね。一年もいないから、それは〝振《ふ》り付け〟で、「とにかく言うてくれ」と言われ、「スポークスマンだ」ということで言うとるんだろう。

だけどねえ、あいつ、相場のことを、ちょっと、ぬかしよった。相場は、わしの専門なんや。あいつ、全然、分かっとらんよ。

酒井　あれで総理大臣を任せたら……。

松下幸之助　日本の今の危機が、全然、分かっとらんわ。

酒井　分かっていないですね。

松下幸之助　ああ。

そりゃ、わしは、長らく商売人でやってきたから、政治については、確かに、晩年、ちょっとやっただけかもしらんけど、そういったって、何でもそうだが、一つのことに精通して最高レベルまで行《い》った人には、やはり、ほかのことも分かるのよ。富士山まで登ったら、ほかの山がどのくらいの高さかは見えるわけや。

だからね、わしは電器屋かもしらんけど、九十四歳《さい》まで生きて、日本の総理より自分が下だとは思ってないよ。小学校中退だけど、「見識においては、指導する立場にあった」と、はっきり思うとるよ。

やつは「ええとこ取り」だけしよって、なんか、ちょっと許せんところがあるな。

税金の取りすぎは「資本主義精神」を完璧《かんぺき》に殺す

酒井　幸之助先生には本当に申し訳ないのですが、野田総理が実現して……。

松下幸之助　いやいや、君にも言わせたいけど、わしにも、もうちょっと言いたいことがある。ちょっと我慢してくれるか。

酒井　はい。

松下幸之助　「無税国家論」を、わしは最初から言うとるよ。税金の取りすぎについて、「これ、国として間違《まちご》うとる」と言ってたんや。

ヨーロッパが衰退《すいたい》したのだって、税金を取りすぎたためでね。むしろ、税率を下げていかなきゃいけなかったんだけどね。以前の日本も〝懲罰税《ちょうばつぜい》〟だったな。最後は九十パーセントぐらいまであったし、イギリスは九十九パーセントまで取ったことがあるけど、こんなの絶対に間違いだよね。これだと、資本主義精神を完璧《かんぺき》に殺しちゃうよね。

酒井　はい。そうですね。

松下幸之助　「働いたら懲罰が加えられる」ということでは、誰が働きますか。だから、これは間違ってるね。

菅《かん》さんなんちゅうのは、「利益は悪だ」と思ってるから、「悪なる利益を蓄《たくわ》えたやつから、それを集め、ばら撒《ま》いとったらいい」という発想をするんだな。この発想が税務署から財務省まで入っとると思うんだよ。

「儲けたやつは、みんな悪人や。役人は、儲けることがでけん。民間で儲けたやつは、うまいことやって、甘《あま》い汁《しる》を吸い、ええ車に乗り、ええもんを食い、別荘《べっそう》を建て、芸者を上げて遊んどるんだろう。だから、懲罰を加えてやる。税金を取ってやる」と、そういう考えだよな。

酒井　そうですね。

松下幸之助　政治家も、これに毒されて、役人に負けとるんだろ？　これやったら、わしの教えたことを、全然、守ってへんよ。

だから、「無税国家論」を、もう一回、勉強してほしいな。

3　将来的に「国富」を増やす政策を

新たな土地造成のためなら、国が借金をしても構わない

松下幸之助　それと、わしは、『新国土創成論』という本のなかで、「日本は、やはり、国土が狭《せま》い。しかし、土地を造成することによって、大きな人口を養《やしな》うことができる。だから、土地を造成すること自体は、国富を増やすことになる。そのためには、国が借金をしても構わへん」ということを、ちゃんと教えとるんや。

「その借金は、外国から外債《がいさい》で借りても構わへん。

また、国民はお金を持っとんのやから、国民から借りてもいい。こういうのは無利子に近くなるかもしらんし、まったくの無利子になるかもしらんけど、国土を造成することによって国富が増える。だから、これは将来的に国を富ますことになる

んや。

国民は、〝たんす預金〟をしたり、銀行に預金したりしてるかもしらんけども、国債でも特殊《とくしゅ》なものでもいいから、国民からお金を集めたらいい。

『これは、国富が増えることやから、将来的に、あんたらが豊かになることなんや。そのためやったら、お金を出してくれるか』というようなことを、政府は国民に言うたらええ」

こういうことを、わしは『新国土創成論』で言うとるんや。

いちおう、こんなのが基《もと》になって、神戸《こうべ》のポートアイランドとか、あの辺もつくったんだと思うし、東京湾《わん》だって、埋《う》め立てして広くなり、実際に国富を増やしとると思う。羽田空港だって広くなり、今、国際空港になろうとしとるんやろう。

これは、国富を増やす動きだよな。こういうかたちで国富になって残るものについてはね、「借金だから、赤字だから、駄目《だめ》だ」というわけじゃないんだよ。

要するに、羽田空港なら羽田空港を拡張して、大きな空港ができたら、これは国としての財産だよな。まあ、東京都の財産かもしらんけども、財産価値が上がる。それと同時に、羽田空港がハブ空港としての機能を持てば、それによって大きな経済効果を生むんや。日本は、韓国《かんこく》に取られかかっているハブ空港機能を取り返そうとして、今、国際競争をしてるわけだろ？　これは非常に大事なことやな。

空港の拡張には、そこまでの波及《はきゅう》効果がある。

ここまでやるのが、実は非営利事業なんだ。一つの会社の利益を超《こ》え、すべての業界の利益にかかわるようなことを、国家の戦略として考えて行うから、非営利事業なんだよ。

成田空港だけでの手数料とか、税関を通るときの儲《もう》けとか、そんなことを考えりゃ営利事業に近いわけやけども、そんなんじゃなくて、国全体を富ますために考えるから、これが非営利事業なんであって、「非営利事業は利益を出したらいかん」なんていう発想は間違《まちが》いなんだよ。これは違う。国自体を、もっともっと富まさなきゃいけないんや。

国家経営には「長期的な戦略」で取り組む必要がある

そのためには、今すぐ儲けにならないようなことにも、あえて、長期的な戦略でもって取り組む必要がある。

彼の守護霊は、先ほど、「予算は一年限りだ」とか言ってたし、それから、企業《きぎょう》でも、今は外国の考え方が入って、三カ月ごととかで決算を見たりしてるけど、そういう短期の儲けだけで考えたら、とてもできんようなことを、十年、二十年、五十年、百年という、長期的な目でもって考える。これが非営利事業としての国家経営なんだよ。

そこまでは一企業には確かにできんことだ。六年とか十年とか務める社長であっても、とても責任が持てない。オーナー社長は何十年かやるかもしらんけども、五十年、百年となると、やはりできない。

阪急《はんきゅう》の小林一三《こばやしいちぞう》さんみたいに、オーナーであって、ずいぶん長くやれば、阪急鉄道を経営しながら、その沿線にデパートや遊園地をつくったりして、ミニ国家経営的なことができることも、ちょっとはあるけどね。

　今の政治家の非営利事業に対する考えは間違ってる。「利益をあげたら、営利事業になります。非営利事業には利益がないんです。利益がないから、税金を集める以外に方法はないでしょう」というのは、官僚《かんりょう》に完全に洗脳された言い方であって、そんなことはありませんよ。

「国家経営は、自分の利益のためにやってるのではなく、民間を富ますためにやるんです。つまり、対価を求めてやってるんじゃなくて、もっと国民を富ますためにやるんです。将来的に必ず国を発展させ、国を富ませるためにやるのが、国家としての非営利事業なんです」と言うべきやな。

　昔の年貢《ねんぐ》でも、「五公五民」「六公四民《よんみん》」「七公《しちこう》三民」「八公二民」と、しだいに農家の負担を重くしていけば、どこかで反乱が起きるな。そのように、税金をただ取りして、「人が育てたものをぶん捕《ど》ることだけが侍《さむらい》の仕事だ」というような国家経営をしてるんなら、完全な間違いですよ。そういうものじゃないんだ。

今、日本の国民はお金を持ってるんだよ。

そして、日本は債権国家なんだよ。これは大川隆法さんも言っとるやろう。債権国家だ。経済をちゃんと知ってるから。債務国家であるギリシャとは違う。また、アメリカだって国家としては債務国家なんだろう？　外国との貿易で赤字なんだ。でも、日本は、そうじゃなくて、対外的には黒字なんだ。そういう意味では儲かっとるんだよ。

円高になれば日本の国民が豊かになる

ところで、今、円高が進んでるんやろ？　円高が進むと、「円高不況《ふきょう》」とよく言われる。これは昔から何回も言われてきたし、一時的には、それが起きるけど、将来的に考えたら、どうなるか。日本の国民が持ってるお金は円だから、「円高になる」ということは、要するに、「日本の国民が豊かになる」ということなんですよ。

酒井　そうですね。はい。

松下幸之助　一軒《いっけん》あたりの預貯金がどのくらいかは、正確には知らないけども、一千何百万円か二千万円ぐらいはあるんだろう。それくらいの預貯金を一軒あたりが持ってるんだろう。みんな、その程度は蓄《たくわ》えてるんだ。

「円高になる」ということはね、例えば、「持っている一千万円が一千二百万円なり一千三百万円なりになる」ということだから、国民が豊かになろうとしてるわけだよ。国民が、今、金持ちになろうとしてるわけだから、基本的に、円高はいいことなんだよ。

円高になると、輸出品の金額が高くなるから、一時的には、売りにくく見えるかもしれないけど、逆に、輸入品の代金が安くなる。日本は、原材料をほとんど生産しておらず、原材料を輸入し、それを加工して輸出している国だから、輸入と輸出を合わせると、その差額は、しばらくしたら調整されることになるよな。

円高だと、輸出企業は、一見、きつそうには見えるけども、実際上は、将来的に、ちゃんといけるようになってるわけや。

逆に言やあ、輸入が増えるわけやから、輸入景気は、どんどん拡大する。実際、輸入企業では、今、売り上げが上がってるはずだよ。

また、日本は、今、昔みたいには輸出立国になっていない。以前は車を大量に輸出してたトヨタだって、今では海外生産をたくさんやってるわけだから、全然違ってるわけやね。

だから、「円高不況」という考え方は、もう古いんや。それは何十年も前の考えなのに、官僚から政治家までが、それにマスコミも、すぐに「円高不況」と言う。みんな、もう頭が古うてね。

酒井　要するに、彼らの考え方が古いわけですね。

松下幸之助　そうです。だから、円高になると、要するに、日本国民としては大きな黒字になり、日本国民の財産が増えるわけですよ。

そういうことであれば、政府は国民から借金をしても構わないんですよ。国民から借金をして、国家がさらに発展するところに投資したらいいんです。

それは国債でも特別な目的の何かでも構わないけど、そういったものを出して、国民からお金を借り、「将来、もっと国を発展させ、もっと、みなさんの企業を伸《の》ばし、個人の収入を豊かにして、国の未来が明るくなるようなものに投資します」と言う。これで、ええんだよ。

今、「日本では二十年ぐらい不況が続いている」とか言われてるけど、これには、ちょっとデフレと不況との区別がついとらんところもある。政治家もマスコミも、その違いがよく分かっていないんだけども、デフレと不況の違いが分からん人は、もう、しょうがない。

デフレなのでユニクロみたいなのが流行《はや》ってるんだろうけど、それでも、円高だったら海外からの仕入れは安くなるはずだよ。日本は、ほとんど海外から仕入れてるんだから、安く仕入れたら、もっと安く売れるじゃないか。そうしたら、もっと売り上げが増えるよ。そうだろ？

酒井　そうですね。

永田町が東北に行けば「日本の復興計画」が完璧《かんぺき》に出来上がる

松下幸之助　だから、デフレでも、全然、悪いことはないよ。デフレ基調の下《もと》であっても、発展は、いくらでもできる。今までは高くて買えなかった土地が値下がりすれば、そういう所を、どんどん開発できるようになっていくわけだしね。やれることは、たくさんあるわけよ。

東北なんか、今回の大震災《だいしんさい》で、あれだけ破壊《はかい》されましたけども、これは、プランさえあればね、新しい日本をつくる絶好のチャンスなんですよ。

ほんとは、関東大震災のあとの復興計画がちゃんとしとれば、ものすごく立派な国ができたんやから、今は東北のほうを復興させるチャンスなんだな。

だからね、ぐだぐだ言うんだったら、もう、永田町を引き払《はら》って、国会議事堂もろとも、福島にでも岩手にでも行ったらいいんだよ。そして、広々とした、瓦礫《がれき》の山んなかの広場に、国会議事堂や官舎を建てて、そこで政治やっとればいいんだ。そうしたら、あそこは復興するよ。どうしたらええかが分かるわ。

酒井　そうですね。

松下幸之助　彼らが行きゃ、たちまち、交通の便が、あっという間によくなってね、埋立地はできるわ、造成地はできるわ、土地がたくさんできちゃいますよ。

この際、あちらへ行っちゃったらいいんだ。十兆円ぐらいありゃ、だいたい遷都《せんと》ができるからな。だから、やつらにだけ行ってもらえばいいんだよ。そうしたら、その周りに、いろいろなものが全部できる。

東北を、どうやって復興したらいいか。永田町が、そのまま東北に行っちゃえばええんや。

衆議院、参議院、その他もろもろ、みんな、あそこへ行ったら、生活インフラをつくらなきゃいけないので、彼らは全部つくり始めます。町が必ずできる。で、大学もつくらないかん。いろんなものが、たくさんできてくるから、東北は大復興するよ。間違いなしや。

永田町は東北に行ったらいいんだ。小沢さんも、ちゃんと、あちらを日本の中心にしたらいいんだ。永田町は、あちらに行ったらいいんだよ。そうなると、東京が空《あ》いて土地を安く提供できるから、企業は、もっと、いろいろな建物を建てられる。

東京を〝ニューヨーク〟にして、東北を〝ワシントン〟にしたらいいんだよ。

そうしたら、日本の復興計画が完璧《かんぺき》に出来上がるからな。それで何十兆円というお金が動き始めるから、すごい回復をするよ。それだけのお金を持ってるからね、日本は。

そういう大計画を出せば、外国からだってお金が取れるよ。中国からだって、しっかり取ったらええんだよ。中国からも、お金を投資させ、日本と戦争ができないところまで債権を持たせてやったらいい。いざというときには、「それを差し押《お》さえる」と、立木さんが言ってるように言えばええんだ。あそこから、取られたら困るぐらい、お金を吸い上げといて、それを凍結《とうけつ》する算段さえつけときゃええんだよ。

4 国防の大切さと「道州制」の是非《ぜひ》

国防について、政治家は勇気を持って発言せよ

松下幸之助　もう一つ、言っとかなきゃいけないのは国防だよ。それを、今、政経塾出身の政治家たちは隠《かく》してるけど、これは絶対にやらなきゃ駄目《だめ》だよ。

これについて、私は生前から言ってるんだ。「これを言わなかった」とは言わせないよ。政経塾で勉強したんだったら、絶対に知ってるはずだ。少なくとも、席に座ってた間には、聞いたことはあるはずなんだからな。

日本が、これだけの経済大国になり、金持ちの国になってね、「泥棒《どろぼう》の警戒《けいかい》をしない」というのは、やはり駄目ですよ。

酒井　そうですね。

松下幸之助　警備員を置かなきゃいけないですよ。警察も必要ですよ。だから、国を守るべく、日本経済を守るべく、政治を守り国民を守るべく、自衛隊を、やはり、ちゃんとした軍隊として使わなきゃいけないんです。今みたいな状態は、おかしいですよ。

これについては、勇気を持ち、勇断《ゆうだん》して発言するのが政治家ですよ。これに命を懸《か》けなきゃ、松下政経塾なんか必要ないんですよ。

酒井　そうですね。

松下幸之助　ええ。これを言うためにあるんであってね、これを言わずに何を言ってるんですか。

これを言ってね、選挙に落ちて〝ただの人〟になったら、パナソニックは雇《やと》ってくれないかもしらんが、私だったら雇うね。選挙に出すときには、「落ちたら、松下へ就職させてやる」という条件付きだよ。

酒井　松下政経塾の精神が、もう、すべて失われてしまっているような気がします。

松下幸之助　駄目だね。情けないというか、踏《ふ》み台として利用しようとしているだけやな。

酒井　私が、以前、政経塾出身の何人かの政治家と会ったとき、彼らは個人として幸福の科学のことなどについて語ってくれました。しかし、公《おおやけ》の場では、そういうことを決して発言しません。

松下幸之助　うーん。だから、表向きの知識や教養とね、本心のところとは違《ちが》うんだね。あと、永田町での教育も長いからな。うち（松下政経塾）で五年ぐらいやったって、向こうで二十何年やったら、それは変わってくるからね。

中央集権を完全否定するのは間違《まちが》い

酒井　松下政経塾には、もう人材はいないのでしょうか。

松下幸之助　とにかく、わしがおらんというのが、まあ、いちばん大きな問題やな。だから、わしの遺志《いし》をちゃんと継《つ》いでやれるほどの教育者が、十分にいないっちゅうことや。

立木　ちなみに、元ＰＨＰ社長の江口克彦《えぐちかつひこ》さんが、みんなの党から出ておられるのですが……。

松下幸之助　うーん、江口君なあ。困ったなあ。みんなの党でどうすんだよ、もう……。

酒井　批判を言えば、道州制など……。

松下幸之助　いや、道州制と地方分権は、わしの分社制と関係があって、事業部制の発想をちょっと入れたところはあるな。これは、民主党もずいぶん言っとったと思うけど、今、地域主権を言ったら、岩手も福島も、それは悲惨《ひさん》だよ。「自分たちでどうぞ」っていうことでしょう？

立木　そうですね。

松下幸之助　これは破綻《はたん》しとるわな、現実にはな。やはり、それは、ちょっと問題やな。

綾織　国防の観点からも、今は採《と》るべきではないと考えます。

松下幸之助　そうだね。私は、地域繁栄《はんえい》主義は構わない。地域が、独自色を出して繁栄していくのは、ええと思う。

産業が都市部にばかり集まると、地方には税金も入らないし、人も、みんな都市に逃《に》げ出していくので、これはかわいそうやね。だから、地方に就職先をつくってやらなきゃいかんから、地方で産業をつくって、そこで収入も上がり、税収も上がって、自分たちで独自に事業ができるようにしてやることは、ええことやと思う。
経済的には、そういうふうに持っていくべきやと思うけども、震災《しんさい》の復興についても地域主権型で、「じゃあ、その県で頑張《がんば》ってください」って言われたら、もうどうしようもないじゃない。

酒井　そうですね。

松下幸之助　ねえ。だから、そういう意味での中央集権の部分を完全否定するのは間違《まちが》いですよ。政府の責任回避《かいひ》になるからね。

5 「社会保障と税の一体改革」は完全な社会主義

松下幸之助　だけど、今の、この……、野口か？　の、の、野田か。名前まで忘れてきた。もうボケたかな。

酒井　いやいや。あまり有名ではないので。

松下幸之助　野田、野田……、野田の問題はさ、「社会保障と税制の改革が一体だ」っていう言い方をしとるだろう？

酒井　はい。

松下幸之助　これは社会主義だぞ、はっきり言って。増税をかけて、福祉《ふくし》制度を充《じゅう》実《じつ》させるというのはな。

立木　「中間層を救わなければいけない」という理由で、そう言っているようです。

松下幸之助　これは、もう、完全に社会主義ですよ。これをやったら社会主義です。だから、今アメリカで起きてることが分かっとらん証拠《しょうこ》でしょう、これは。

酒井　彼は分かっていないということですね。

松下幸之助　ああ。アメリカで今、ティーパーティー運動が起きて、共和党が巻き返しに入っとるやないか。あれは、ここが問題だからでしょう？「オバマさんがやろうとしてるのは社会主義や」と。

酒井　はい。

松下幸之助　「日本のまねをしようとしてるけど、これは破綻《はたん》する。自分の責任において堕落《だらく》していく連中まで、一生養《やしな》わなきゃいけない義務は、われわれにはない。われわれが働いて稼《かせ》いだお金は、われわれの自由に使わせろ。それを強制的に召《め》し上げられ、麻薬《まやく》をやったりアル中になったりして生活が破綻し、働かずに貧民街にいる連中まで、一生面倒《めんどう》を見るほど甘《あま》くはないぞ。アメリカは、そんな国やない。アメリカの自由はそんな自由やない」というわけだな。

「チャンスの自由、成功者になる自由はつくらなきゃいけないけども、自ら、アル中になり、麻薬中毒者になって、貧民窟《ひんみんくつ》に入り、それで強盗《ごうとう》をし、犯罪者になっているやつらに給金を払《はら》うような、そんなお人好しの民主主義とはちゃうぞ」という反乱運動が、今、アメリカでは起きていて、オバマ君がやられとるんでしょう？ちょっと追い詰《つ》められてるんでしょう？

野田は、全然分かっとらんね。なーんも分かってへん。阿呆《あほう》や。菅《かん》と一緒《いっしょ》や。ほんまに、まったく分かっとらん。

6　失われた「松下精神」

「プロの政治家」としての精神修養《しゅうよう》が足りていない前原氏

綾織　このまま行きますと、野田さんの次は前原さんになるようです。

松下幸之助　いや、だから、外国人の献金《けんきん》問題？　何十万かぐらいのお金でいじめられてるから、これ、分からないよ。

綾織　そもそも前原さんには、松下精神、あるいは資本主義の精神を分かっていないところがあると思うのです。

松下幸之助　うん。まあ、ただ、鳩山《はとやま》や菅《かん》よりは、ちょっとましになるかどうか、これを、今、見てるところやからな。
わしの薫陶《くんとう》を受けたっちゅうことが、ちょっとぐらいは何か……。
酒井　それは野田さんについてもですか。
松下幸之助　ええ。ちょっとぐらい、「菅や鳩山よりは、ましだった」と言われたら、それでも少しは救いやけどなあ。うーん、ちょっとぐらいありゃあなあ。
綾織　前原さんについては、どのように評価されていますか。
松下幸之助　うーん、いやあ、もう言いにくいなあ。塾長としては、「彼はホープや」と言わないかんところだろうけども、弱いわなあ。
綾織　弱い？
松下幸之助　押《お》しが弱いわ。外務大臣も、何十万かぐらいの献金で辞《や》めたんかい？

「苦学時代にお世話になった在日の方から献金を受けた」とかいうんだろう。あんなのねえ、なんで言い返せないんだ。あんなの言い返したらええやないか。それこそ人情論で言い返すべきだよ。あんなのは、別に国の外交を曲げようとしてやったことじゃないんだから、「そんなことをほじくり返すな！　俺《おれ》がそんな金に基《もと》づいて政治をやると思っとるんか！」と、啖呵《たんか》を切ったらええやないか。ねえ。「何億円ももらった」っちゅうなら、ちょっとそれは買収の疑いがあるよ、はっきり言って。でも、あんなのは違《ちが》うよ。

綾織　マスコミの主張に、すぐに負けてしまうところがありますよね。

松下幸之助　弱い。弱すぎるわ。だから、あれはやっぱり反論せないかんな。「私には、心にやましいことなど一切ありません」と。

人間関係のなかで、「この人が在日かどうか」なんて、日本語をしゃべってたら、顔を見たって分からないよ。日本語がしゃべれなきゃ分かるけど、日本語をしゃべる人は分からんしな。そんなの関係ないじゃない。人間は平等だしね。

別に、「いい政治家を育てたい」っていうのは、在日の人が思ったって構わないんだよ。日本に住んでる以上、経済的な影響《えいきょう》を受けるわけだから、いい政治家を出すために、献金ぐらいするで。「投票権があろうがなかろうが、献金ぐらいしたい」っていう人がいてもいいでしょう。それは、別に、筋道として間違っとるわけやないですよ。

ただ、「いっぱい献金してもらって、それを何かの工作に使う」っていうんだったら、それは問題やな。「朝鮮《ちょうせん》半島や中国の利益のために使われる工作資金として賄賂《わいろ》をもらってた」っちゅうと、これは政治家として失格に当たることやけど、あんなのねえ、代表選で、冒頭《ぼうとう》に謝《あやま》らないかんようなこっちゃありませんよ。男じゃないよ、前原。

綾織　そういう点では、松下政経塾出身の方は、精神修養《しゅうよう》の部分といいますか、指導者としての精神性が、やや薄《うす》いのではないでしょうか。

松下幸之助　足りてませんなあ。だから、もう、大川さんのところへ行って修行《しゅぎょう》したほうがええんと違うかなあ。今、バシッと言ってくれる人がいないと駄目《だめ》だよ。だからねえ、みんな弱すぎるのよ。国民に日和見《ひよりみ》なんかしちゃ駄目だよ。やっぱり、リーダーは厳しいことも言わなきゃいけないよ。「君らは、物事の大小も分からんのか」というぐらいのことは言わなきゃいけない。

わしも言うとるけどさ、お客様は〝神様〟やけど、〝神様〟だってときどき間違うんやから、間違ってたら、ちゃんと教育してあげないかんのや。間違わんようにな。それが専門家なんだろう？

医者は、別に神様やないけど、病院に行ったら、みんな医者の言うようにするんだろう？　政治だって同じじゃ。投票するのは、そりゃ、お客さんである国民かもしらんけど、国民は政治のプロやないから、政治家に任してるんだろう？　「専門家としてやってくれ」と、任しとるんや。

だから、投票する国民の側が間違っとるんやったら、それを説得するのがプロの政治家の仕事やないか。それをしないで逃《に》げたら駄目や。マスコミに言われてすぐ辞めるんやったら、「マスコミから給料もろうとるんか」と、やっぱり言わないかんわな。

その程度の精神修養ができてないようではあかんがな。前原には、ちょっと精神棒を入れないとあかんでぇ。

松下政経塾出身者は政党をつくるべき

綾織　国会には、松下政経塾出身の方が三十八人いらっしゃいますが、その大半が民主党の所属です。そのため、民主党そのものの体質として、「マスコミに弱い」というところがあるように思います。

松下幸之助　いやあ、民主党が好きだったわけじゃないと思うよ。それは、自民党が入れてくれなかっただけやろう。もう、自民党は、ずっと地盤《じばん》を張ってたからな。まあ、野田なんかも、そらあ、大連立もちょっとは考えているとは思う。「保守の連立をしたい」と思ってはいるだろうけど、いかんせん力が足りないから、できないんだろうと思うけどね。

民主党は、もう、本当に、無茶苦茶な寄り合い所帯だから、何でもありだ。

綾織　松下政経塾出身の方が、これからも民主党のなかでやっていくことについては、どうなのでしょうか。やはり、民主党そのものを残したほうがよいのでしょうか。

松下幸之助　わしは、本当は百四十歳《さい》まで生きる予定だったからな。百四十歳まで生きとったら、今もちゃんと指導できとるだろうが、政経塾出身者たちはちゃんと政党をつくるべきだったと思うよ。

自分たちの主義主張に則《のっと》った政党を、ちゃんとつくるべきだ。実際上、つくれないことはないんだからね。あんなバラバラにいろんなところから出るっていうこと自体が間違ってるんだ。

やはり、小沢がやったいちばんの悪は、小選挙区制のほうに持っていったあたりやな。あの悪賢《わるがしこ》さだ。あれでは、新しい政党が出られんわね。あの悪賢さに、あんたがたもやられてるんだろう？　これは出られないよね。これを破らないかんがなあ。

綾織　松下政経塾の出身者が、自分たちを再生させていくためには、やはり、固まって政党をつくったほうがよいのでしょうか。

松下幸之助　本来は、そうや。わしが長生きしてたら、絶対、そうなっている。九十四ぐらいで、〝若死に〟してしまったから、本当に残念や。

わしは百四十ぐらいまで、やる気満々やったんやけどなあ。それくらいまで生きとったら、まだちょっと意見が言えて、組閣《そかく》にも口ぐらい出したんやけどなあ。

酒井　でも、今、このように、ご意見を伺《うかが》っておりますので。

松下幸之助　ああ！　今は言えるんや。今、言ってもええんやな。

酒井　はい。もう、どんどん言っていただいて結構です。

松下幸之助　政経塾はな、ちょっと、まだ数が足りんのかなあ。四十人ぐらいじゃ足りないかもしれない。やっぱり百は欲しいなあ。

酒井　ただ、HS《エイチエス》政経塾（政治家・企業家《きぎょうか》を輩出《はいしゅつ》するための社会人教育機関）というものもできましたので……。

松下幸之助　ああ、それは強敵やなあ。

酒井　はい。たぶん、こちらのほうが大きくなると思います。
松下幸之助　そっちは信仰《しんこう》を失ったら、当然、〝処刑《しょけい》〟されるんだろう？　なあ。
酒井　（笑）
松下幸之助　わしのとこだって、いちおう信仰なんや。だから、わしを神様として認めないやつは……。
酒井　野田さんの発言を聞くと、もう完全に幸之助先生への信仰を失っています。
松下幸之助　うん。まあ、どうせ、どこかでフォローするんだろう。あとで、チョロッとな。
　政経塾の仲間内だけでやってるように見られるのが嫌《いや》だから、「個人で努力して、『駅前留学はNOVA《ノヴァ》、駅前演説は野田』でやった」っちゅうて、ぬかしとるんだろう？

松下幸之助亡《な》きあとは、大川隆法に学ぶしかない

酒井　このまま、松下政経塾出身の野田さんや前原さんに任せていてよいのでしょうか。是々非々《ぜぜひひ》で行けば、やはり間違っていると思うので、幸福実現党が彼らを破《は》折《しゃく》し、打ち倒《たお》さなくてはいけないのではないかと思うのですが。

松下幸之助　まあ、将来はな。でも、あんたがたは、まだ国民を説得できてないんやろうから、国民を説得せないかんわな。

そのためには、宗教として、勢力を伸《の》ばさないかんし、一般《いっぱん》の浮動票《ふどうひょう》のところは、宗教に対して偏見《へんけん》がすごくあるから、このへんの層に、やはり、もうちょっと理解してもらわないといかん。これは、熱心に説得しなきゃいかんから、努力がまだまだ必要だし、一年や二年じゃ、そんなに簡単にはいかんわな。

酒井　そうですね。ただ、それでも、松下政経塾出身者ということで、「完全な左《さ》翼《よく》政権よりも多少はよくなるのではないか」という気持ちもあります。

松下幸之助　うーん。

酒井　先ほど、野田氏の守護霊の考えを聞きましたが、結局、何もビジョンがないことが分かったので、このままいくと……。

松下幸之助　（舌打ち）特に、なんか、輿石《こしいし》とか、あんな日教組《にっきょうそ》の親分みたいなのがキーパーソンみたいになっとるやないか。あんな亡霊《ぼうれい》みたいなのは、片付けてほしいなあ。

酒井　はい。それで、今年、来年と、彼らに、このまま日本を任せてよろしいのでしょうか。幸之助先生はどう思われますか。

松下幸之助　うーん。自民党だって受け皿はない状態だからね。「谷垣《たにがき》と比べてどうか」と言われたら、まあ、〝すごい〟よ。何にもできないのは、あっちも一緒《いっしょ》だ。

酒井　まあ、そうですね。

松下幸之助　そらあ、いい勝負かもしらん。あれも、ひどいだろうなあ。山登りしか、したことないんやろ？

酒井　ええ。山登りは得意だと思います。

松下幸之助　「柔道《じゅうどう》」対「山登り」か……。まあ、柔道のほうがちょっと都会派かなあ。

酒井　ちょっと都会派かもしれませんが、似たり寄ったりではありります。

松下幸之助　あれも、ひどそうだもんなあ。

酒井　はい。ただ、本当にこのまま国を任せて大丈夫《だいじょうぶ》なのでしょうか。

松下幸之助　悔《くや》しいけどなあ、でもまあ、しゃあないわ。とりあえず、あんたががたがオピニオンでバックアップしてくれや。政経塾のやつらは、あんたがたの言ってることは、読んだり聴いたりはしてるからな。

酒井　そうですか。

松下幸之助　理解する力はあるんでな。松下幸之助亡《な》きあとは、大川隆法に学ぶしか方法はないだろう。国師はこっちだからな。

こちらの言ってることを聴いて取り入れることやな。あんたがたは、政策をすぐに取られるから嫌がってはいるのは分かるけど、間接的には、いちおう弟子《でし》入りしてるっちゅうことだからな。

7 幸福実現党の今後の戦い方

政治をやらなかったら「幸福の科学」とは言えない

松下幸之助　そのうち、あんたがたも道を拓《ひら》かないかんとは思うけど、まあ、悔《くや》しいだろう。でも、焦《あせ》りはあると思うよ。立党して初めて選挙に出たのが二〇〇九年やろ？　今、二〇一一年で、まだ二年やろ？　そらあ、そんな簡単ではないわな。

うちも三十年以上かかってるからな。最初の十年ぐらいは、もう悪評ばかりで、「やめろ、やめろ」の大合唱だ。「電器屋のおやじが政経塾なんかつくっても、政治家になんかなれるか」っちゅうやつが多くて、「晩節を汚《けが》した」と、ずいぶん言われたからなあ。

だけど、まだ、あれやでえ、あんたがたは、今、学校もつくっとるんやろ？　学校が軌道《きどう》に乗ったら、次は、いよいよ政治の最終仕上げやな。ここまでやらないと、国全体は変えられないわな。

宗教は精神性の問題だし、学校は教育の問題だし、政治は具体的な「国づくり」の問題やろ？　これは、宗教として絶対にやるべきやと私は思うよ。やっぱり、「国づくり」は、宗教の大事な大事な具体化だ。

だから、幸福を唱える以上、政治は、やはり絶対にやらないかん。政治をやらんかったら、「幸福の科学」とは言えんわ。

正攻法《せいこうほう》で戦いつつも、「策」は要《い》る

立木　そういう「国づくり」を進めていくに当たりまして、幸福実現党も、ＰＲとか、説得力とか、こうした点を、まだまだ強化しなければいけないと思っています。

そこで、松下幸之助先生からご覧になって、現時点で、まだ足りないところと言いますか、「もっとこうすべきだ」というところがありましたら、お教えください。

松下幸之助　いやあ、足りないところというより、ある意味で、君ら、あり余ってるよ。

わしは六十五まで会社経営してたから、その間《あいだ》、それ以外の活動はほとんど何もでけんかった。会社を経営して、従業員を食べさせることで精いっぱいやったからな。まあ、朝礼ぐらいはして、思想の一部は出てたけども、言論人や思想家と言えるかどうかは知らんが、世の中に意見を述べ始めて、〝伝道師〟になったのは、六十五を過ぎて、引退してからあとや。

六十五までは、会社が潰《つぶ》れないようにすること、松下を大きくすることで精いっぱいやったけど、大川先生は、まだ時間があるやんか。だから、長生きしてもらえ。みんなで祈願《きがん》して、わしみたいに九十四で〝若死に〟せんように、長生きしてもらわないといかんわね。

その間《あいだ》に、国会議員をつくれると思うし、少なくとも意見は述べられるからね。あんたがたもご存じのとおり、民主党は、その意見を、みな、すぐにパクっておるから、その意味では、代わりに実行してくれるところがあるわけや。
それに、今、地方議員は少しいるんやろ？　な？

立木　はい、徐々《じょじょ》に。

松下幸之助　じゃあ、どこかで決起するんだろ？

立木　はい、そうですね。

松下幸之助　まあ、しかたないわ。そのあたりから取っていって、だんだん実績をつくり、ある程度の数ができたら、それを政党としてまとめ上げなきゃいけない。
今の民主党政権は、たぶん、次の選挙まで、いっぱいいっぱいに粘《ねば》って、総理は、最低四人、場合によっては五人やると思う。だから、選挙まではちょっと時間があるやろうから、いろいろ研究すると同時に、やっぱり、あれやな、伏兵《ふくへい》の立候補者を、無所属で出すか、あるいは、自民や民主、みんなの党なんかに、多少、潜《もぐ》り込《こ》ませてもええんと違《ちが》うか。

あまり知られてる人はいけないけど、そこまで知られてない人で、世間的に通用するような人を、少し潜り込ませて、その党のなかで喧嘩《けんか》して別れて新たに党をつくるっていうのを、やはり、一つやったほうがええで。

立木　そうですね。

松下幸之助　そのくらいやらんとな。とりあえず、潜り込まんかったら、仕事にならんで。なあ。

だから、正規軍として幸福実現党から立候補する人と、それ以外の人と、やはり、二軍、三軍に分けて、入り込んでいく必要があるんでないかなあ。

立木　はい。そういう方法も、多少、考えながら進めてまいりたいと思います。

松下幸之助　うーん。ちょっとね、まだ宗教への偏見《へんけん》が強うてなあ。これはマスコミが悪いわな。これ悪いわ。悪すぎるわ。

だから、産経新聞でさえ、第一面で幸福の科学を宣伝してくれるほどの勇気はないんだろう？

立木　はい。

松下幸之助　あっちも潰れるのを恐《おそ》れているほうやからな。多数決では、宗教を信じてない人のほうが多いからね。

まあ、もうちょっと正々堂々の陣《じん》で勝ちたいけどねえ。ただ、やはり、策は要《い》ると思うな。

でも、まだ二年だし、選挙をやるたびに有名になっていくことはあるからね。

立木　しっかりと正攻法《せいこうほう》で戦いながらも、他の部分では、いろいろと策を考えていきたいと思っております。

松下幸之助　たぶん、学校をやってる間は、ちょっと重たいやろうけども、ある程度、そちらが軌道に乗ったら、もう一段、政治のほうに踏《ふ》み込んでこれると思うし、社会的信用も上がってくるだろう。わしは三十年かかったけど、まあ三十年もかからないんじゃないかね。三十年もかからないと思うよ。時間的には、もっと短縮できる。きっとな。みんな優秀《ゆうしゅう》だしね。

いちおう、基本的な考えはもう出てきている。それは海外に通用するものだよ。幸福実現党は国際社会に通用する政党だからな。野田の〝キッコーマン醬油《しょうゆ》〟は国際的にはちょっと通用せんが、君らは国際的に通用するものを持ってるからね。

立木　そうですね。そうしたグローバルな視野も踏まえながら考えております。

8　松下幸之助が「今日、最後に伝えたいこと」

大《だい》企《き》業《ぎょう》を憎《にく》む思想は間《ま》違《ちが》い

松下幸之助　今日のわしの話はちゃんと分かったかな？　「無税国家論」と、「国富を増やす国土創成論的な考え方をやらなあかん」ということ。それから、「そののズバリの社会主義はあかん」ということや。これは、あかんわ。汗《あせ》を流した人が損を見るような社会をつくったら、あかんね。絶対あかん。

だから、民主党のいちばんいけないのは、大《だい》企《き》業《ぎょう》を憎《にく》んどるところや。

立木　そうですね。

松下幸之助　民主党は大企業から企業献《けん》金《きん》をもらっとらんからな。まあ、本当はくれんのやけども、「もらっとらん」と言うてやっとる。けども、この大企業を憎む思想は、やはり間違《まちが》いやで。

会社をつくるには、知恵《ちえ》と努力が要《い》るんやから、やっぱり、成功者をもうちょっとほめ称《たた》える風潮を持たんといかんな。

立木　はい。そのへんのマインドについても、しっかりと訴《うった》えてまいりたいと思います。

松下幸之助　うん。いやあ、君ら、もうちょっと頑張《がんば》ってほしいなあ。

立木　はい。頑張ります。

松下幸之助　向こうが嫉妬《しっと》して、「幸之助さんがHS《エイチエス》政経塾のほうに出るなんちゅうのはおかしい」なんて、また言い始めるかもしらんけども、わしだって欲求不満やでえ。そりゃ出るでえ。幽霊《ゆうれい》は出るもんやでえ（会場笑）。お盆《ぼん》過ぎても出るもんは出るんや。

だから、これはちょっと、もう一段、しごかないとあかんね。うーん（舌打ち）。悔《くや》しい！　いや、うれしいんだけど、悔しい！「この程度か」と思われるのが、わしゃ悔しい！

まあ、君らのところに、教えを乞《こ》いに来るようにしてほしいなあ。

変節することなく、正論を言い続けよ

松下幸之助　それと、国民には、もうちょっと物事を見る目を持ってほしいな。君らの勇気をちゃんと評価してほしいな。

立木　ありがとうございます。

松下幸之助　「国防を訴えたら票が減る」っていうのは、やっぱり間違ってるよ！

立木　そうですね。

松下幸之助　基本的に、国民が間違ってるんだよ。叱《しか》ってやらないかんよ。「あんたがたを守ろうとしてんのに、なんで票を減らすんや」って。どうして、それを危険視して、中国や北朝鮮《きたちょうせん》に有利な判断をするんや。おかしいよ！

立木　かなりマスコミと教育の洗脳が入っています。

松下幸之助　おかしいよ！　もうマスコミは非国民や。この言葉は使ったらいけないんだろうけど、でも、よくない。迎合《げいごう》してるんだよ。やつらも生き残ろうと思ってるんだろうけど、それは駄目《だめ》だ。やっぱり、ちゃんとした正論を説けないようじゃ、いかんよ。

だから、君らは、迎合しなくていい。最後はもう、宗教家として死んでもええから、言い続けろよ。

立木　はい。徹底《てってい》して言い続けてまいります。

松下幸之助　やっぱり、変節したらあかん。簡単に変節したらあかんで。言い続けなさい。正しいと思うことは言い続けたほうがええよ。

今の日本はすごいよ。あれだけの大震災《だいしんさい》があってね、まだ円が買われてるっていう事態はね、基本的には、アメリカやヨーロッパよりも信用があるということだ。その自信を持たないかんよ。

今、必要なのは「決断するリーダー」

松下幸之助　今、必要なのは、決断するリーダーだよ。みんなを引っ張っていくリーダーが欠如《けつじょ》しているんだ。

立木　そうですね。

松下幸之助　これだけだよ。

だから、オバマさんや、ヨーロッパやロシアや中国のリーダーと、堂々と渡《わた》り合える人が欲しい。一人でも出てきたらええんや。

残念だけど、野田では、やられてまうわ。残念やなあ。まあ、これ、見識ないわ。ああ、悔しい！　わしは、これの守護霊になりたいぐらいや、ほんまに。幸福の科学で、野田の霊能開発でもやってもらえんかなあ。そしたら、わしが直接入ってしゃべるわ。

立木　それはいいですね。ただ、もう間に合わないと思います。

松下幸之助　ああ。

酒井　すでにもう、小沢氏の生霊《いきりょう》などにやられていますので。

松下幸之助　でも、悪魔《あくま》が憑《つ》いているわけじゃないから、その点だけは評価してやってくれよ。

立木　はい。そこは認識しております。

松下幸之助　まあ、神様の世界にはいないけどな。一期生って、そんなにずっと優《ゆう》秀《しゅう》じゃないんだよ、はっきり言やあ。まあ、みんな、いい就職にあぶれたようなのが、だいたい来てるから、そんなに優秀じゃない。ただ、度胸だけはある人が多かったんだけどなあ。

（舌打ち）うーん。うれしいけど悔しい。悔しいけどうれしい。そんな感じかなあ。まあ、君らの未来やから、よう研究しとくことや。

立木　はい。かしこまりました。

酒井　本日は、どうもありがとうございました。

やはり、「何も考えがない総理」では厳しい

大川隆法　はい。ということでした。まあ、メッセージとしては、かなりはっきりと伝わるかもしれませんね。

酒井　はい。おそらく読むだろうと思います。

大川隆法　「松下幸之助先生が怒《おこ》っているのか」と思って、墓参りぐらいは行くでしょうかね。

酒井　影響《えいきょう》はあると思います。

大川隆法　そうすると、当会の本を読んでいる人はだいぶいるのかな。

酒井　ええ。そのくらいの礼儀《れいぎ》は当然だと思います。